내 삶의 산전수전

옴니버스 인생 책쓰기 3편
51인의 고난과 깨달음

NIKITA GILL

YOUR SOUL

IS A RIVER

삶을 더욱 열정적이고
행복하게 살고 싶은 당신에게

이 책을 전합니다

내 삶의 산전수전

초판 1쇄 발행 2025년 01월 02일

지은이_ 우경하 이은미 조유나 박선희 한도훈 김황연 장예진 류옥분 김미정 최윤정
김송례 한민정 최현주 양 선 윤민영 최민수 이마리 김경화 음희화 김미옥 권경진
김선화 서덕만 김민주 황경남 김성환 한기수 김지영 김상진 이상초 이형은 최경호
이대강 박영수 윤준서 최상민 양수목 오순덕 김효승 서원준 최민경 양승권 성진우
도복순 김미례 용은정 김성윤 안재경 이언주 김하주 정규만

펴낸이_ 김동명
펴낸곳_ 도서출판 창조와 지식
디자인_ 우경하 & (주)북모아
표지디자인_ 디자인플래닛
인쇄처_ (주)북모아

출판등록번호_ 제2018-000027호
주소_ 서울특별시 강북구 덕릉로 144
전화_ 1644-1814
팩스_ 02-2275-8577
ISBN_ 979-11-6003-846-0 (03190)
정가 18,000원

이 책은 저작권법에 따라 보호받는 저작물이므로
무단 전재와 무단 복제를 금지하며
이 책 내용을 이용하려면 반드시 저작권자와
도서출판 창조와 지식의 서면동의를 받아야 합니다.
잘못된 책은 구입처나 본사에서 바꾸어 드립니다.

51인 지은이 소개

우경하 이은미 조유나 박선희 한도훈
김황연 장예진 류옥분 김미정 최윤정
김송례 한민정 최현주 양 선 윤민영
최민수 이마리 김경화 음희화 김미옥
권경진 김선화 서덕만 김민주 황경남
김성환 한기수 김지영 김상진 이상초
이형은 최경호 이대강 박영수 윤준서
최상민 양수목 오순덕 김효승 서원준
최민경 양승권 성진우 도복순 김미례
용은정 김성윤 안재경 이언주 김하주
정규만

내 삶의 산전수전

1장. 지은이 소개

01. 우경하 : 나연구소 대표, 한국자서전협회장
02. 이은미 : 오색그림책방 대표, 한국미래평생교육원장
03. 조유나 : 유나리치, 한국개척영업컨설팅연구소 대표
04. 박선희 : 더원인재개발원 대표, (주)ESG경영연구원 이사
05. 한도훈 : 모두의가입 대표, 렌탈/상조 비즈니스 컨설턴트
06. 김황연 : 타로&사주 직관상담사 ."나를 알리는 시간" 전자책 공저
07. 장예진 : 애니어그램 상담 강사, 성폭력 상담 전문가
08. 류옥분 : 매예방센터 미술치료 강사, 대구예대 평생교육원 강사
09. 김미정 : 사)국코치협회 전문코치KPC, 하모니코칭센터 대표
10. 최윤정 : 윤정교육연구소 소장, 대전보건대학교 유아교육과 겸임교수

2장. 지은이 소개

11. 김송례 : GnB영어전문학원원장, GnB영어전문교육(주)전남서부본부장
12. 한민정 : 국민대학교교육대학원석사수료, 쥬드발레하우스무용학원 원장
13. 최현주 : 프리타라인 대표, 부산지역사회교육협의회 책임강사
14. 양 선 : 여여나무연구소 대표, 한국작가협회 이사겸 김해지부장
15. 윤민영 : 자담인영힐링 대표, 브런치 작가
16. 최민수 : 민싸이트 북스(MinSight Books) 대표 및 저자
17. 이마리 : 유방암 완치한 일반인, 아기를 기다리는 예비 엄마
18. 김경화 : 책쓰는 요양보호사, 저서-새벽독서의 힘
19. 음희화 : 국민안전원 대표, 국제인증교육원 원장
20. 김미옥 : 사회복지법인 제주공생 희망나눔종합지원센터 센터장

3장. 지은이 소개

21. 권경진 : 책과 사람을 잇는 강사, 봄날 교육연구소 대표
22. 김선화 : 영산대학교 겸임교수, 청소년지도사
23. 서덕만 : 고등학교 영어교사, 초등학교 독서지도사
24. 김민주 : 진여워터테라피 대표, 대한민국우수숙련기술자 선정
25. 황경남 : 꿈 이루는 책방 글숲 대표, 한국자서전협회 강화지부장
26. 김성환 : 엘림비젼교회 담임목사, 엘림비젼 출판사 대표
27. 한기수 : 한국남성행복심리상담 대표, 여여나무연구소 국장
28. 김지영 : 유치원 교사, 유아교육석사
29. 김상진 : 방송sns콘텐츠전문가1급, 스포츠심리상담사1급
30. 이상초 : 골든트리투자자문 투자전문위원

4장. 지은이 소개

31. 이형은 : 강남대 도서관학과 졸업, 북큐레이터, 독서지도사
32. 최경호 : 100명 살리기 운동 생존가이드, 좋은효소 힝성팀장
33. 이대강 : 쿠팜창업w성공연구소 대표, 이대강플라워 대표
34. 박영수 : 100건 이상 다양한 프로젝트 경험자, 직업상담사
35. 윤준서 : 수학학원 원장, 개념원리 검토위원
36. 최상민 : ㈜인장매니지먼트 공동대표
37. 양수목 : 자담인건강법 블로그, 유튜브 운영자
38. 오순덕 : 한글마루 창작소 공동대표, 한글만다라 개발자
39. 김효승 : ABA금융서비스 진심 보험설계사
40. 서원준 : 원준몰 대표, ㈜에이플러스에셋 어드바이저

5장. 지은이 소개

41. 최민경 : 라이프 퍼포즈 디렉터, 하트나비라이프(Heart Navi Life)
42. 양승권 : 인카금융서비스 리치웨이사업단 대표
43. 성진우 : 인카금융서비스 FC, 연세대학교 신촌캠퍼스 경영학과 졸업
44. 도복순 : (사)한국코치협회 전문코치(KSC00119)
45. 김미례 : 컬리 n 브레인 연구소 대표
46. 용은정 : 제주홍자매농장 대표, 보험설계사
47. 김성윤 : (주)프롬마벨 이사, 유닛스튜디오 포토그래퍼
48. 안재경 : 유닛스튜디오 대표, 마벨꾸띠끄 대표
49. 이언주 : 마벨꾸띠끄 대표원장, 비주얼크리에이터협회장
50. 김하주 : 우리동네 코칭북카페 운영자, 한국코치협회 전문(KPC)코치
51. 정규만 : 청솔건강연구소 대표, 사회복지사 1급 자격증

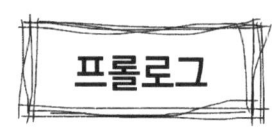

프롤로그

    이 책은 우리가 겪은 인생의 다양한 산전수전과 그를 통해 느끼고 배운 내용으로 쓴 공동 저서다.

    "너에게 그런 힘든 일과 아픔이 있었는지 몰랐어."

    우리가 가끔 누군가에 하는 말인 동시에 듣는 말이기도 하다. 인생을 살다 보면 누구나 예상치 못한 힘든 일을 겪는다.

    그 당시에는 힘들고 아프지만 시간이 지나고 나면 그 일을 통해 삶의 지혜와 자연의 이치를 배우고 우리는 성장한다. 그렇기에 모든 일에는 이유가 있다고 믿는다.

    '산이 높으면 계곡이 깊고, 죄가 깊으면 은혜도 깊다' 는 말이 있다. 우리는 힘든 만큼 행복하고 아픈 만큼 성숙한다. 곰곰이 생각해 보면 우리 인생 대부분의 고민과 고통은 다음의 3가지 영역에서 이루어진다. 바로 인간관계, 돈, 건강이다. 작가님들의 원고를 보며 우리 대부분의 사연도 이 안에 있음을 깨달았다.

    이 프로젝트는 전자책, 공동 저서, 자서전을 전문으로 진행하는 나연구소 옴니버스 인생 책쓰기 3편이다. 프로젝트는 100편까지 진행을 목표로 한다.

    우리의 산전수전 이야기가 힘든 시기를 지나고 있는 분들에게 한 줄기 빛, 희망, 용기가 되길 희망하여 우리의 다이나믹하고 진솔한 산전수전 이야기를 시작한다.

프롤로그　　/12

1장. 엄마, 팔이 너무 아파　　/14
2장. 고난의 강을 건너 온 나　　/56
3장. 무릎을 닦으며, 나를 다시 빚다　　/98
4장. 청소부에서 작가로 태어나다　　/140
5장. 시련은 새로운 시작의 단초　　/182

에필로그　　/228

1장

산 전 수 전

엄마, 팔이 너무 아파

01. 우경하
엄마, 팔이 너무 아파

02. 이은미
고통을 뚫고 핀 희망의 꽃

03. 조유나
내가 언니 좋아하는 거 알지?

04. 박선희
내 삶의 뽀빠이 순간

05. 한도훈
나의 플랫폼 노동

06. 김황연
냉동 아기를 품에 안고

07. 장예진
뇌졸중의 아픔을 디딤돌로

08. 류옥분
꿈을 향한 여정

09. 김미정
양푼 냄비 비빔밥

10. 최윤정
근거 없는 자신감

no.1

우경하

❏ 소개

1. 나연구소 대표
2. 한국자서전협회장
3. 전자책, 공동저서. 자서전 출판 전문
4. 온라인 오프라인 450회 이상 강의 코칭
5. 전자책, 종이책 포함 170권 이상 출판
6. 누적 출판작가 570명 이상 배출
7. 닉네임: １００권작가

❏ 연락처

1. 네이버 검색: 우경하
2. 유튜브 검색: 나연구소

엄마, 팔이 너무 아파

'아, 팔이 너무 아프다. 두 번 다시는, 몸 쓰는 일은 안 하기로 다짐했는데, 내가 왜 이러고 있지? 참 한심하다'

자유롭고 행복한 1인 기업가가 되기 위해 직장을 그만둔 지 1년 정도가 지난 시점이었다. 나만의 확고하고 전문적인 콘텐츠는 찾지 못했고 통장의 돈은 거의 바닥난 상태였다. 생활비를 벌기 위해 아르바이트를 시작했다. 그 이야기는 이렇다.

출세의 꿈을 안고 고향 안동에서 상경했다. 두 번째 직장인 유한킴벌리 대리점에서 화장지 배송 업무를 약 2년간 했다. 그 당시 우리 회사에 있던 영업 사원 대리가 내 눈과 마음에 들어왔다. 나는 활동이 편한 복장을 하고 먼지를 먹으며 창고 정리하고 화장지를 나르고 있는데, 그는 말끔한 양복을 입고 에어컨에 시원한 사무실에서 일하고 있었다.

그때 결심했다. '나도 영업 사원이 되자! 몸 쓰고 먼지 먹으며 내 몸을 상하게 하는 일은 더 이상 하지 말자!'라고.

이후 29살에 입사한 LED 조명 제조회사에서 12년간 근무

했고, 나이 40에 퇴사했다. 이유는 내가 정말 하고 싶은 일을 하며 행복하게 살고 싶다는 간절한 마음 때문이었다. 그런 마음 때문이었을까? 퇴사 후 오프라인 창업을 알아보다 우연히 무자본 창업, 1인 기업이라는 신세계를 만났다. 충격이었다. '세상에 이런 일이 있다니, 이런 일들을 하면서 돈도 벌 수 있다니? 그 일은 더 나은 나, 진짜 나, 최고의 내가 되는 일이고 내가 진짜 원하는 일이라는 것이 느껴졌다.

6,300만 원의 퇴직금을 받았다. 그동안 열심히 일했기에 쉼도 갖고 1인 기업을 좀 더 배우면서 미래를 준비하자고 생각했다. 그랬기에 조금은 느슨하고 여유 있는 마음으로 다양한 교육을 받으며 내 콘텐츠를 만들어 나갔다.

하지만 역시나 세상은 호락호락하지 않았다. 강의하고, 프로그램을 만든다고 당장에 먹고살 만한 돈이 되지는 않았다. 거의 수입이 없는 상황에서 매월 몇백이 되는 고정비와 생활비가 통장에서 빠져나갔고, 교육비에도 많은 돈을 썼다.

2020년 4월 1일에 시작했는데 그해 연말도 안되는 시점에 통장에 돈이 거의 바닥났다. '어? 이게 아닌데? 이러면 안 되는데, 큰일 났네' 혼란이 왔고 자존감이 한없이 떨어졌다.

'내가 너무 섣불리 퇴사했나? 좀 더 준비하고 나왔어야 했나?' 하지만 이미 한 선택을 되돌릴 순 없었고 아내와 아이들을 볼 면목이 없었다. 이런 나 자신이 한심했다.

당장 돈벌이가 될 일을 찾아야 했다. 알바몬을 통해서 침대 매트리스 케어 일을 알게 되었다. 교육도 해주고 집집마다 다니며 매트리스를 청소하는 일이라 쉬울 것 같았다. 하지만 일을 하면서 알았다. 매트리스 청소기가 참 무겁다는 것을. 약속된 집에 방문해서 청소기를 꺼내고 조립한 후 매트리스 앞면 뒷면 측면, 프레임 바닥 등을 청소했다. 몇 달이 지나자, 몸에 무리가 오기 시작했다. 차에서 싣고 내리고 청소하면서 허리와 팔이 아파졌다. 특히 팔꿈치가 운동할 때 오는 엘보처럼 통증이 심했다. 팔이 아파지자, 마음도 아파졌다.

이런 나 자신을 보기 힘들었고 자존심도 많이 상했다. 처음 한 달은 교육비가 같이 나와서 300만 원 이상을 받았지만, 그 이후엔 200도 채 되지 않았다. 많은 생각이 들었다. '이럴 바에는 지금 일에 더 집중해서 성과를 내는 게 맞다.' '내 일은 꾸준히 하면 소모가 아니라 실력이 늘고 커리어와 경험이 누적되는 일이다.' 이런 생각을 하며 그 일을 그만두고 다시 독하게 마음을 먹고 내 일에 올인하기 시작했다.

이 경험은 내 삶에 큰 교훈을 주었다. 덕분에 더욱 내 일을 잘해야만 하는 명분과 간절함이 생겼다. 다시는 과거로 돌아가지 않겠다는 결심은 나를 더욱 강하게 만들었고 지금의 나를 이 자리까지 오게 했다. 역시나 의미 없는 경험은 없고 모든 것은 다 배움이다.

지금 힘들다면 잘 가고 있는 것이라고 믿어보자. 이유 없는 경험은 없다. 신은 우리에게 유익한 경험, 감당할 수 있는 고통만을 준다. 존재하는 모든 것은 우리를 위해 존재한다!

no.2

이은미

❏ 소개
1. 한국미래평생교육원장
2. 오색그림책방 대표
3. 윤슬그림책출판사 대표
4. 그림책심리성장연구소 경기 1지부
5. 한국작가협회 부회장 & 포천지부장
6. 한국자서전협회 부회장 & 포천지부장
7. 개인저서, 공저, 전자책 50권 작가

❏ 연락처
1. 네이버 검색: 오색그림책방
2. 유튜브 검색: 그림책이은미

고통을 뚫고 핀 희망의 꽃

엄마 없는 집에서 아빠와 둘이 지내던 어린 시절, 언제나 웃음으로 친구들을 맞으며 좋은 친구들과 시간을 보냈다. 그때는 그저 친구들이 옆에 있어 즐거웠고, 서로 마음을 나누며 무언의 위로를 주고받았다. 하지만 고등학교 시절, 진심으로 속마음을 나누던 친구 두 명이 갑작스러운 사고로, 하늘나라로 떠났다. 그 순간은 말로 표현할 수 없을 만큼 큰 상실감으로 다가왔고, 세상에 혼자 남겨진 것 같아 삶의 의미조차 흔들렸다. 그래도 힘을 내어 서울에서 직장 생활을 시작했지만, 홀로 버텨야 했던 외로운 일상은 잔인할 정도로 차가웠다.

그 와중에 어렵게 모은 돈도 신뢰했던 동네 친구의 배신으로 모두 잃게 되었다. 믿었던 사람이 준 상처는 마음 한구석에 큰 상처를 남겼고, 나는 고향으로 내려와 다시 새로운 시작을 결심했다. 그곳에서 만난 남편과 결혼하며 가정을 꾸렸지만, 고부 갈등과 홀시어머니를 모시는 일로 생각보다 힘든 시간을 보냈다. 울고 싶었던 날이 많았고, 혼자 주저앉아 있던 시간도 많았다.

IMF가 터지던 해에 첫째 아이가 태어났다. 남편의 직장은 갑작스럽게 부도가 났고, 빚더미 속에서 그나마 남은 희망이었던 둘째는 심장에 장애를 가지고 태어났다. 아픈 아이를 돌보며 병원비를 해결하기 위해 큰아이에게 어린 동생을 맡기고 나는 다시 직장으로 향했다. 생활고와 병원비에 쫓기며 하루하루를 일에 매달렸지만, 마음속에는 언제나 아이들에게 미안한 마음과 고통이 깊이 자리하고 있었다. 그렇게 정신없이 살다 보니, 마흔다섯이 되어서 나 역시 병을 얻었다. 나도 모르게 무너져 내린 내 몸은 죽음의 문턱을 넘는 고통을 겪어야 했다.

하지만 죽음의 문턱에서 돌아오면서 한 가지가 마음속에 분명하게 자리 잡았다. 내가 지금까지 버텨온 삶의 여정을 그냥 흘려보내서는 안 된다는 생각이 들었다. 아이와 내가 겪은 아픔과 고통이 단순히 불행이 아닌, 나와 다른 사람들의 삶에 희망을 줄 수 있는 이야기가 되길 바랐다. 그때부터 나는 꿈이라는 단어를 다시 생각하게 되었고, 가슴에 깊이 품어온 꿈을 조금씩 키우기 시작했다.

병을 이겨내면서도 나는 배움을 멈추지 않았고, 다양한 도전을 통해 나의 가치를 하나씩 만들어 갔다. 그렇게 힘겹게 시작한 1인 기업은 이제 많은 사람에게 꿈과 희망을 전하는 통로가 되었고, 나의 이야기를 통해 누군가는 자신도 성장할 수 있다는 용기를 얻기를 바랐다. 지금도 여전히 삶은 쉽지 않지만, 고통을 딛고 피어난 내 꿈의 꽃은 누군가의 인생에도 작은 희망의 씨앗이 되기를, 그리고 그 씨앗이 그들 삶 속에서 아름답게 피어나기를 간절히 바란다. 고난과 역경 속에서 내가 깨달은 것은 삶의 무게가 무거울수록 그 안에 더 깊은 의미가 있다는 것이다. 어려운 순간에도 멈추지 않고 나아가다 보면, 우리가 짊어진 아픔과 고통은 결국 강한 뿌리가 되어준다.

비바람 속에서도 꿋꿋이 버티는 나무가 그렇듯, 우리도 자신을 지탱해주는 힘을 내 안에서 찾아야 한다. 믿었던 사람에게 상처받고, 외로운 시간을 견디며 마주한 순간들은 내가 더 큰 사람이 되기 위한 과정이었다. 어쩌면 내 삶의 이야기가 누군가에게는 희망의 빛이 될 수 있다는 작은 믿음, 그것이 오늘도 나를 일으켜 세운다.

모든 상처는 나를 더 깊고 단단하게 만들었고, 지금의 나는 그 상처들을 내면의 힘으로 바꾸며 살아가고 있다. 힘든 일을 겪고 있을 때, 때로는 포기하고 싶어지지만, 우리에게는 생각보다 더 강한 내면이 있다는 걸 잊지 말자. 내 삶의 산전수전이 나를 여기까지 오게 했듯, 우리들의 고통과 슬픔은 우리의 가치를 만들어줄 것이다. 살아가며 겪는 수많은 순간 속에서, 결코 자신을 포기하지 않기를 바란다. 그 어떤 어려움 속에서도 결국 꽃은 피어나듯, 우리 모두에게도 자신만의 꿈이 반드시 피어날 것이다.

no.3

조유나

❑ 소개
1. 유나리치 인카금융서비스 대표
2. 한국개척영업컨설팅연구소 대표
3. 한국영업인협회 연도대상금상
4. 개척영업 전국 1위 강사.
5. 1대1영업진단 및 코칭
6. 전자책, 종이책 포함 13권 출판
7. 수강생 다수 월천달성 ,연도대상 달성,
8. 닉네임: 유나리치

❑ 연락처: 010-2415-5999
1. 네이버 검색: 조유나의톡톡
2. 블로그: younarich1004
3. 인스타: @younarich

내가 언니 좋아하는 거 알지?

"좋아하는 숫자가 뭐예요?" 나는 서슴없이 9라고 했다. 그랬더니 그녀가 그런다. 그럼, 그 숫자만큼 보내라고. 나는 잠깐 멈칫했지만 '설마 나를 속이겠어?' 하는 마음이 들었다.

기도하고 바로 돌려준다고 믿어 의심치 않았다. 사실 그녀는 같이 승격한 지점장 동기다. 안지, 오래되진 않았다.

그리고 신점을 보게 되었다. 본인이 투잡으로 점괘도 잘 봐준다며 한번 봐주겠다는데 올해 삼재가 든 엄마가 안 좋고 다칠 수 있다고 했다. 난 엄마가 애를 봐주시고 많이 도와주시는 덕분에 일을 할 수 있다. 그래서 내가 얼마나 엄마를 의지하는지 그녀도 알고 있었다.

"언니. 내가 언니 좋아하는 거 알지?

"돈은 언제 준비돼? 얼른 준비해야 할 텐데."

"기도만 하고 돌려주면 엄마는 괜찮아질 거야. 걱정하지 마!" "금방 촛불 켜고 기도하면 나을 거야. 유명한 무속인이야. 유튜브에도 나오고 엄청 유명하신 분이라 용하셔"

그렇게 엄마가 다칠 수 있다. 딸이 엄마랑 위험하다고...

이래저래 계속 두려움에 어쩔 수 없이 돈을 보낼 수밖에 없었다. 그 후에도 남편이랑 둘째가 사고 날 수 있고 위험하다며 계속 또 여러 차례 송금을 요구하자 이상하게 느꼈다.
　999만 원! 작은 돈은 아닌데 그래도 억지로 맞춰서 보냈다. 정말 말하지 못하는 힘든 것이란 이런 것인가 싶을 정도였다. 불안한 마음에 보증금을 빼서 돈을 마련했다. 때마침 8년 다니던 회사를 나왔는데 어디 갈 곳도 정하지 않고 나왔다. 팀원들이 같이 따라 나왔는데 사무실은 새로 찾아 오픈해야 했고 직원들도 급하게 출근하고 싶어 했다. 친정엄마는 그때 허리 수술을 하게 되어서 애 봐줄 사람도 없고 너무 힘들고 속상하고 기댈 곳도 없었다. 낮에는 여러 회사 미팅하고 시간을 내서 사무실 장소를 찾아다니고 저녁에는 미팅하느라 온몸이 지쳐있었다.
　그때 신기하게도 타이어가 펑크 나고 장례식장 갈 일도 생기고 하니 신통하게 그녀가 말하는 것이 다 맞는 듯싶고 모든 게 두려웠다. 연속으로 돈을 보내고 마음이 놓이지 않았다. 그렇게라도 엄마와 가족을 지키고 싶었다. 나의 그런 간절한 마음을 이용한 것이다. 회사 생활에 영업도 해야 하고 온몸이 지쳐있었다. 내 인생에 그렇게 힘든 적은 없었다.
　그리고 한 달 후 돌려준다는 날짜가 다가와도 돌려주지 않았다. 매일 밤 자정까지 기다리라고 했다. 그리고 밤 12시가 되면 그날 왜 안 되는지 핑계를 댔다. 오늘은 약속 때문에, 내일은 다른 핑계, 또 다른 일로. 계속 미루는 것이 눈에 보였다. 정말 힘들게 구해서 보낸 거라고 달래도 보았다.

이제 확실히 당한 걸 알았다. 아무한테도 말하지 말라고 할 때부터 이상했다. 아는 동기 지점장님한테 답답해서 물어보니 본인도 큰돈은 아니지만 당했단다. 나는 크게 당한 것이다. '이게 나한테만 한 것이 아니구나!' 알고 나니 더 두려웠다. 돈을 못 받은 것도, 사람에 대한 배신도, 기다리게 하는 순간이 정말 피를 말렸다. 잠도 못 자고 악몽을 꾸고 아무 일도 손에 안 잡혔다. 그렇게 몇 달이 지나고 포기하고 잊기로 마음 먹었다. 지금도 그때 그 일만 생각하면 미칠 것만 같다.

　건망증이 걸린 듯이 난 아무 생각 안 하고 아예 잊고 살았다. 아니면 정말 아무것도 못 할 것 같았다. 그렇게 1년이 지나고 현수막에 못 받은 돈 받아준다는 광고가 눈에 띄어 전화를 걸어 시도해 보기로 했다. 여러 차례 아는 정보를 다 주고 몇 달이 지났지만 해결은 안되고 수수료만 내고 말았다. 또다시 안 되는구나 싶었다.

　3년 후 하늘이 도와주는지 경찰서 기서 사기로 신고했는데 한 달 만에 연락이 왔다. 마음 단단히 먹고 다시는 누구를 쉽게 믿지 않는다. 코인이나 주식을 하는 것은 잘 모르면서 욕심이 많아 투기를 하다가 당한다. 돈을 꿔주면 돈도 못 받고 인연도 사라진다. 나는 지금 현장에서 세일즈가 어려운 초보 영업인들을 상대로 강의와 컨설팅을 해준다. 현장에서 매일 성실하게 일한다.

　아직도 가끔 그 일이 생각난다. 그녀가 칠한 발톱 컬러가 잊히지 않는다. 지금 어디서 어떻게 사는지 몰라도 더 이상 다른 사람한테 사기를 치지 않고 살기를 바랄 뿐이다.

no.4

박선희

❏ 소개
1. 더원인재개발원 / 더원출판사 대표
2. (주)ESG경영연구원 이사
3. 경남카네기리더십연구소 전문강사
4. 교육학박사수료
5. ESG기업경영컨설턴트, 공정채용컨설턴트, 기업교육강사, 한국산업인력공단 E9외국인특화과정강사, 작가, 블로거
6. 네이버 인물검색:박선희작가/닉네임:오이작가

❏ 연락처
1. 블로그: https://blog.naver.com/wakeupsun
2. 네이버 검색: 박선희작가

내 삶의 뽀빠이 순간

나를 찾는 하루 5분 코칭스킬
1. 내 삶의 산전수전 순간을 떠올려 보자
2. 언제, 어디서, 누구와 있었던 일인가?
3. 이 경험으로 내가 얻은 교훈과 깨달음은 무엇인가?

"선희야. 너 정말 이렇게 살래? 더 이상 참을 수 없어."
며칠째 감지 않은 헝클어진 단발머리. 제대로 잠을 자지 못해 퉁퉁 부은 얼굴, 젖내나는 늘어진 박스형 하얀 티셔츠, 화장실 거울 가득 찬 뚱뚱한 몸. 불만에 가득 찬 기미 낀 칙칙한 얼굴. 거울 속에 낯선 여자가 덩그러니 서 있었다.

갑자기 눈물이 터져 나왔다. 엉엉 큰 소리로 울었다.
'내가 원했던 결혼과 양육은 이게 아닌데. 사랑하는 사람을 만났는데. 우아하고 아기자기하게 어여쁜 결혼 생활을 하고 싶었는데....'

잠자다가 아내가 우는 소리에 뛰어나온 남편은 영문도 모른 채 나를 달랬다.

누구나 뽀빠이 순간이 있다고 한다. 더 이상 참을 수 없는 순간. 폭발할 듯 화가 난 만화 주인공 뽀빠이. 하루 종일 두 아이 독박 육아. 기저귀 갈고 젖 먹이고 돌아서면 집안일.
다시 기저귀 갈고 젖 먹이고. 화장실 문 열어놓고 아이를 봐야 할 때, 보이지 않는 칡넝쿨이 내 온몸을 꽁꽁 옥죄어오는 갑갑함에 시달렸다.

남편은 회사에서 인정받으며 성장하는데 나는 제자리다. 하루에도 몇 번이나 감정은 롤러코스터를 타며 오르락 내리락거렸다. "나는 빵점 엄마인가 봐. 왜 이렇게 서툴까? 이웃집 영희는 돌 전에 걸어 다니는데 우리 아이는 왜 늦을까?"
"웃어야지. 웃자. 엄마가 웃어야 아이가 행복할 거야."

자연분만으로 낳은 아이를 처음 만난 날. 비장애인으로 태어난 것만으로도 신기하고 감사했던 것도 잠시. 전쟁 같은 육아에 좋은 엄마가 되고 싶은 열망과 내 뜻대로 되지 않는 좌절 속에서 제대로 먹지도 못하고 잠도 못 자면서 점점 더 지쳐가는 시기였다.
한밤중 화장실 거울 속 낯선 여자와 내 안의 선희의 외침을 들었다. 밤을 꼬박 새웠다. 먼동이 트는 새벽 아기가 깨는 소리에 아기에게 모유를 먹이려 일어났다.

긴 패딩을 입고 운동화를 신고 걷기 시작했다. 운동장 한 바퀴, 두 바퀴… 허리와 다리, 손목 통증으로 힘들었다. 하지만 걸었다. 다음날, 또 일어나 걸었다. 3개월 후 몸이 좀 가벼워져 유모차를 끌고 걸었다.

2년 후 17킬로를 감량했고, 마라톤 경주 풀코스를 완주했다. 7년 후 지리산 35킬로 당일 종주를 했고, 단체장이 되었다. 20년 뒤 기업 강사로, 컨설턴트로, 작가로, 출판사 대표로 성장했다. 새로운 도전할 기회가 생기고, 저마다 삶에서 긍정적이고 성공하는 사람들을 만난다. 매일 아침 눈 뜨면 감사가 저절로 나온다. "나비" 나로부터 비롯된 변화다.

"선희 강사님 이야기에 용기가 생겼어요."
여성새로일하기센터에서 기초직무교육을 한다. 강의료와 상관없이 기업 컨설팅 일정에 앞서 먼저 써 둔다. 내 삶의 뽀빠이를 만나는 순간, 멋지고 당당한 나비로 변화할 그녀들의 모습 기대되기 때문이다.
4시간 직무 강의의 주제는 한 줄이다.
"충분하다. 지금의 당신! 있는 그대로 충분하다"
"내년보다 올해가 낫고, 내일보다 오늘이 낫다"

no.5

한도훈

❏ 소개

1. 모두의가입 대표
2. KT인터넷 제휴사
3. 이지모바일 제휴사
4. 유튜브 모두의가입 운영
5. 인클 유튜브 강사
6. 81년생 부산 출신
7. 서울 성북구 종암동 거주

❏ 연락처

1. 전화 : 010-5751-7315
2. 이메일 : hdh1515@naver.com

나의 플랫폼 노동

　나는 통신, 렌탈 등 가입 상품의 마케팅을 전문적으로 하는 회사의 대표다. 2024년 현재 44살인 나는 2009년부터 2023년까지 회사 생활을 했다. 정해진 월급보다 많은 생활비 때문에 겪은 다양한 투잡 이야기를 하고자 한다.

　내가 본격적으로 투잡을 한 기간은 2021년부터 2023년까지 3년간이다. 힘든 직장 생활을 하면서도 투잡을 하게 된 이유는 신입사원 시절부터 쌓여온 생활 빚 때문이었다. 매달 통장 잔액이 마이너스가 되다 보니 걱정이 많았다. 변변한 자산도 없이 나이만 먹고 있는 현실이 매우 두려웠다. '어떻게든 계좌를 플러스로 만들어서 자산을 취득하자' 이렇게 독하게 마음을 먹고 시작했다.

　회사 생활을 하면서 쉽게 구할 수 있는 투잡은 '플랫폼 노동'이었다. 비대면으로 일자리를 쉽게 구하고 앱의 지시를 통해 일하고 정산받는 형태의 직업이다. 내가 경험한 플랫폼 노동은 쿠팡 플렉스, 쿠팡 물류센터 헬퍼, 세탁특공대 세탁물 배달, 풀무원 녹즙 배달, 온라인 제휴마케팅 등이다. 그 산전수전을 소개하고 느낀 점을 말하고자 한다.

쿠팡 플렉스는 쿠팡의 정규 배송 직원들이 처리하지 못하는 물량 위주로 배달하는 일이다. 낮에는 회사에 있다 보니 야간에 일을 했다. 남들이 단잠을 자는 시간에 물류센터로 가면 만족스럽지 못한 물량을 배정받을 때가 많았다. 단가 700원짜리 20건을 받은 적도 있었다. '이런, 14,000원 벌자고 잠을 안 자다니!'

쿠팡 물류센터 헬퍼는 물류센터가 정상적으로 운영되기 위해 보조 역할을 하는 일이다. 고된 노동이 장시간 예상되기에 주말에 일을 했다. 끝없이 쏟아지는 컨베이어 벨트의 상품을 분류하거나, 분류된 상품을 상차하는 일이 대부분이다.

힘들게 정리한 상품이 차에 실려 무사히 출발하면 보람을 느끼기도 했다. 하지만 고된 육체적 노동 탓에 평일의 극심한 체력 저하가 너무 힘들었다. '이러다 쓰러지는 건 아닐까?' 문득 겁이 났다.

야간 세탁물 배송, 배달 음식 배달, 녹즙 배송 등 다양한 플랫폼 노동을 이어오던 끝에 근육통, 몸살 등으로 온라인 투잡 쪽으로 시선을 돌려서 도전하기 시작했다.

온라인 투잡은 생각보다 많은 일들이 있었다. 블로그 포스팅부터 언론 기사 홍보, 가입 상품 마케팅 등이 대표적이다. 취미 생활로 유튜브를 하고 있을 정도로 관심도 많았기에 육체적으로 덜 힘들고 좋았다. 특히, 언론 기사 홍보의 경우 10분 만에 200만 원을 버는 짜릿함을 맛볼 정도로 신세계를 경험하기도 했다. 그런데 온라인 마케팅의 세상은 변화무쌍했고 그 수익 역시 영원하지는 않았다.

가입 상품 마케팅은 마케팅 업계에서 CPA(Cost Per Action) 마케팅으로 불린다. 정수기 홍보물을 본 고객이 정수기 상담 신청을 하면 일정 금액을 입금해 주는 형태다. CPA 마케팅은 단가가 2만 원대부터 크게는 6만 원대까지 가격이 높아서 고수들은 한 달에 1억을 벌기도 하는 세계다.

지금의 [모두의가입]은 CPA 마케팅의 경험과 온라인 MD로 재직 시 가입 상품을 총괄했던 경험이 합쳐져서 만들어진 회사다. 다만 [모두의가입]은 CPS(Cost Per Sale) 위주로 고객이 구매까지 이어져야 수수료를 받는 형태로 고객사의 광고비 리스크를 최소화하고 있다.

3년간 밤하늘을 보며 신세 한탄도 많이 했다. 실질적인 경제적 효과도 미미했다. 하지만 힘든 생활을 통해 절약을 더 독하게 하게 됐고 지금은 플러스 통장을 만들었다. 매일 설렘을 느끼는 진짜 내 일 [모두의가입]을 만들게 된 영감도 디지털 아르바이트를 통해 얻었다. 세상에 도움이 안 되는 경험은 없다는 것을 새삼 느낀다.

보이지 않는 곳에서 힘든 노동을 묵묵히 견디고 있는 대한민국의 많은 분의 빛나는 내일을 응원한다.

no.6

김황연

❑ 소개

1. 타로&사주 직관상담사.
2. 전자책 크몽에 3편 출판
   - 사찰기도 제대로 하는 나만의 노하우)
   - 황오라클이 추천하는 사찰여행(서울편)
   - 타로카드로 소통하는 나만의 노하우)
3. 알라딘 서점 "나를 알리는 시간" 전자책 공저
   알라딘 서점 "오픈 카톡방 수익화의 비밀" 전자책 공저
4. 한국콘테츠능률협회 AI 아트 공모전 시화 장려상 수상

❑ 연락처

1. 블로그: https://blog.naver.com/hwangoracle
2. 네이버 검색: 황오라클

냉동 아기를 품에 안고

　냉동된 아기를 품에 안고 나는 화장터로 가면서 목구멍까지 올라오는 억울함과 분노를 다시 삼켰다. 아기를 화장하고 돌아오는 길에 내 숙명이라면 받겠지만 운명대로는 살지 않겠다고 맹세했다. 하지만 나는 내 팔자를 반 만 받아들이게 되었다.

　나는 타로와 사주라는 도구를 통해 사람들의 인생을 들여다보는 13년 차 상담사다. 처음엔 한 사람의 고민에서 시작했지만, 지금은 가족 전체의 운(運)을 함께 분석하며 더 깊은 인생 상담을 하고 있다. 이 일은 단순히 선택의 문제가 아니었다. 대대로 무당의 운명을 이어받아 무당이 되는 집안에서 무당이 아닌 직관 상담사의 길을 택했다. 사람들의 고통을 알아주고, 더 나은 방향으로 이끌고자 하는 마음에서였다. 상담사가 되기 전에 나 자신도 상상조차 못 한 큰 시련을 겪었기에 나의 내담자 마음을 조금 이해할 수 있는 상담사의 길을 가고 있다.

　나는 자손이 귀한 집안의 며느리였다. 시댁은 아들을 낳기를 원했지만, 딸만 둘을 낳았다. 나도 어쩔 수 없는 일이었지만 기대를 알았기에 마음이 답답하고 힘들었다.

　세 번째 아이를 가졌을 때, 만약 아들을 낳는다면 깨진 가정을 회복할 수 있으리라는 희망이 있었다. 그러나 이번에도 딸이라고 알게 되자 시어머니 반응은 "결국 또 쓸모없는 딸이냐?"였다.

　그 말은 내 심장을 깊숙이 찔렀고, 시어머니는 날마다 딸은 더 이상 필요 없다고 매일 전화로 나를 괴롭혔다. 정신적인 스트레스를 견디지 못해 결국 일 하던 도중 쓰러졌다.

　응급차에 실려 가며 들은 의사의 말은 한마디였다.

　"아이와 산모, 둘 중 하나만 살릴 수 있는데 어쩌지."

　의식은 또렷했지만, 몸은 움직이지 않았다. 그 순간에도 나는 마음속으로 수없이 외쳤다. '제발 아이를 살려주세요.'

　눈을 떴을 때, 내 배는 텅 비어 있었다. "산모와 아기 모두 무사합니다"라는 말에 "감사합니다" 하고 아주 잠시 조상님께 감사했다.

　하지만 아기는 8개월 미숙아로 인큐베이터 속에서 힘겨운 싸움을 하고 있었다. 온몸에 주삿바늘이 꽂힌 작은 아기를 보며 나는 매일 초유를 짜서 냉동고에 보관하며 아이가 깨어나기를 기다렸다.

　그러던 어느 날 인큐베이터 속에서 하얀 수건에 덮인 아기를 보며 나는 무너지고 말았다. 눈물도 목소리도 더 이상 나오지 않았다. 아기를 품에 안고 화장터로 가는 길에 분노가 나의 목구멍을 넘어 가슴속까지 파고들었다.

아기를 보낸 후, 나의 세상도 멈췄다. 잠도, 밥도 사는 것 자체가 억울했다. 몇 개월이 흐른 뒤 나는 또 다른 딸이 있다는 게 보였다. 한 명의 아기를 잃었는데 아직 내게는 두 명의 딸이 있었다. 귀신을 보는 내 딸들을 지켜야 했다.

결국 나는 팔자대로 직관으로 보는 상담사가 되었다.

시간이 흐르면서 나는 깨달았다. 나처럼 아이를 떠나보낸 엄마들이 세상에 많다는 것을. 그들도 나와 같은 고통을 견디며 살아가고 있다는 것을. 이 사실은 나를 조금씩 치유해 주고 있었다.

나는 내 아기가 보이지 않는 세상에서 나를 지켜보고 있다고 믿는다. 내가 살아가며 느끼는 모든 기쁨과 슬픔을 아이도 함께하고 있다고. 이 믿음이 나를 다시 일어서게 했고 이 글을 통해 엄마가 아직도 너를 잊지 않았다는 것을 알려주고 싶었다.

이 글을 읽고 있는 당신이 혹시 나와 같은 아픔을 겪었다면, 이 말을 전하고 싶다.

"우리는 산전수전을 겪으며 많은 것을 잃었지만, 그 속에서도 살아갈 힘을 찾을 수 있고. 우리 아이들은 우리의 가슴속에 영원히 살아 있어요."

삶은 고통과 희망이 교차하는 긴 여정이다. 내가 내 아이를 기억하며 살아가듯, 당신도 사랑을 잊지 않기를 바란다.

no.7

장예진

❑ 소개
1. 보육교사, 사회복지사, 평생교육사, 다문화교원 자격증
2. 상담심리 치료 박사(PHD), 미술치료사 심리검사 전문가
3. 1급상담심리 치료사, 언어 치료사
4. 애니어그램 상담 강사 성폭력 상담 전문가
5. 가정폭력 상담 전문가 학교폭력 상담 전문가
6. 갈등조정 상담사 이마고 부부 상담사
7. 인성지도사 1급 독서 논술 지도사
8. 저서: 무심에서 감성으로 감성시집(공저)
　　　 쪼가 있는 사람들의 결단(공저)

❑ 연락처
1. 이메일: cosmos9377@hanmail.net
2. 블로그: https://m.blog.naver.com/jso0426/222466689265
3. 유튜브: 장예진TV

뇌졸중의 아픔을 디딤돌로

 나는 따뜻한 보살핌과 사랑으로 마음의 상처 치유하는 전문상담사로 활동하고 있다. 휘게 심리상담센터 대표로서 나처럼 마음의 상처로 고통받고 있는 내담자들과 함께하고 있다.

 지금까지 살면서 가장 황당했던 사건은 2010년 6월 18일 뇌졸중 사건이다. 수련회 가려고 트렁크를 현관에 두고 남편에게 말했다. "여보! 잠시만 기다려요. 베란다에 빨래 널고 올게요." 그런데 이상했다. 빨래가 널어지지 않고 내 몸이 뒤로 넘어갔다. 나는 엉금엉금 기어 나오면서 말했다. "119요."
 응급실에 실려 가서 검사를 하고 바로 특실로 옮겨졌다. 몸이 굳어지기 시작했고 말이 나오지 않았다. 기계가 여러 개가 몸에 달렸다. 전신마비로 침상에 누워있는데 생각은 살아 있었고 눈만 뜨고 호흡기로 호흡만 하고 있었다.
 두 달 동안 외국에 있던 딸이 귀국해서 주야로 내 옆을 지키면서 식단 관리부터 간호를 잘해준 덕분 나는 살 수 있게 되었고 정상인으로 회복되었다. 기적적인 일이었고 나는 너무도 감사했다. 그리고 나는 말을 하며 살 수 있는 것이 얼마나 귀하고 소중한 건지 깨닫고 그 후 언어 치료사가 되었다.

그 일 외에도 다양한 사건 사고가 잦았다. 40대, 교통사고로 죽었다고 버려졌다. 45세, 어린이집 운영 시 복 찌개를 잘못 먹고 얼굴이 까매지고 모든 장기가 마비되어 한 달 동안 링거를 맞으며 살았다. 어린이집 현경이 아빠가 한약으로 살려 주셨다. 50대, 뇌졸중 사건과 오른쪽 귀 난청으로 상계동 백병원에 입원 후에 한 달 만에 퇴원했다. 60대, 허리 요추골절. 70대, 다발성 뇌혈관 협착증으로 2010년부터 지금까지 뇌경색 약을 먹고 있어서 치과에서 위험하다고 이를 뽑아주지 않는다. 대학병원 닥터들의 파업으로 몇 달 기다리다가 어금니 치아 치농증이 심해졌고 잇몸이 모두 파헤쳐져서 꿰맨 상처의 출혈로 음식을 먹지 못해서 38kg 체중이 되었다. 면역력 저하로 모든 병이 찾아오게 되었다. 이렇게 아픔의 걸림돌로 살아온 나는 침상에서 살아온 삶이지만 포기하지 않고 극복했다.

이런 삶에서 오는 모든 장애물을 불평과 원망의 눈으로 바라볼 수도 있다. 하지만 그 아픔의 경험을 체험으로 극복했기에 누군가에게 희망을 주기 위해 글을 쓰고 있다. 걸림돌을 대하는 나의 마음 다스림과 결단이 중요하다. 마음이 연약해질 때마다 도약의 기회로 삼고 도전하는 사람도 있다. 약할 때 '강함 주시네' 찬양을 부르면 마음이 평안해진다.

나는 5번 죽음의 고통 속에서도 포기하지 않았다. 극복하고 아픔의 걸림돌이 디딤돌이 되었다. 절대로 절대로 포기하지 말아야 한다. 포기는 배추 포기 셀 때 필요한 말이다. 현재까지 살고 있다. 책을 쓰기 시작했고 작가가 되었다.

우리는 건강을 회복하기 위해 어떤 마음가짐으로 노력해야 할까? 건강 회복을 위해서는 자기 자신에게 격려의 말과 용기가 필요하다. 나는 질병으로 보낸 시간만큼 더 건강하게 행복한 일상의 삶을 살아야겠다고 결심했다. 어떤 질병이나 환경으로 죽음의 지경에 갔을지라도 나 자신을 지키면서 끝까지 긍정을 놓지 않고 살아간다.

병원 침상에 누워 있을 때도 눈만은 남편의 애절한 표정과 불안을 볼 수 있었다. 생각은 살아 있었다. 나는 살아야 했다. 효자, 효부, 효녀가 보고 싶었다. 아들 가속들과 딸도 못 보고 가면 안 되는 거야! 그 애절했던 침상에서 나 자신에게 말했다.

조카 둘을 살리기 위해 교통사고 현장에 내 몸을 던졌을 때도 이틀 만에 눈을 뜨고 깨어났었다 "이 고통도 또 지나가게 될 거야! 괜찮아!" "나는 다시 회복될 수 있어! 그동안 수고했어!" 긍정의 언어로 내게 말했다. 내 생각이 내 몸을 지배하기 시작했다. "나는 더 건강하고 행복하게 살 거야."

말한 대로 나는 정상인으로 내 인생의 주인공으로 살고 있어서 하루하루가 새롭고 행복한 일상을 보내고 있다.

no.8

류옥분

❏ 소개
1. 대구교육대학원 미술조형교육학 석사졸업
2. 영남대학원 일반대학원 미술치료학 박사수료
3. Artist. 개인전. 국제아트페어 참가
4. 한국미술협회. 대구미술협회. 초대작가.
5. 미술심리상담사. 1급 (한국미술치료학회)
6. 대구예술대학교 평생교육원 강사
7. 치매예방센터 미술치료 강사
8. 미술교사. 미술치료사. 문화예술교육사
9. 꿈을 향한 여정. 내면의 빛을 찾아 채색한 인생. 저자

❏ 연락처
1. 네이버 검색; 류옥분. 미술치료 지향샘
2. 블로그: https://blog.naver.com/bun26890

꿈을 향한 여정

　어느덧 내 나이 60세, 내 인생의 숙제를 다 마쳤다. 공무원 남편을 만나서 육 남매 맏며느리로 시부모님 모시고 시누이 시동생들과 대가족이 한집에서 살았다. 나에게는 참 힘든 시간이었다. 세월이 흘러 시누이 시동생 다 결혼하고, 아들 둘도 성장해서 예쁜 며느리 얻어 결혼시켰다. 남편은 정년퇴직을 했고 시부모님은 노환으로 돌아가셨다.
　내가 완성해야 할 꿈을 향한 여정에 집중하려고 애썼다. 지난 세월 동안 인내하고 살아온 갈등 속 문제가 해결되지 않은 채, 나는 우울감에 빠져 마음 둘 곳이 없었다. 그때, 내 마음속에서 참되게 울리는 소리에 귀를 기울이게 되었다. 어린 시절 미술 실기 대회 가는 날, 비 온 뒤 무지개가 아름다웠던 기억은 평생 잊히지 않았다. 어릴 때 꿈을 찾아서 미술 공부에 대한 생각이 잠시나마 나의 가슴을 설레게 했다.
　결혼 후, 대가족에 남편 비서로 살아오면서 나는 한평생 붓을 놓지 않고 살아왔다. 고달픈 시집살이를 하면서 취미 삼아 동네 도서관에서 서예와 문인화 배우는 것이 유일한 나의 쉼

터이었다. 전국 공모전 서예와 문인화 출품해서 상을 많이 받았다. 초대작가로 활동하면서 나의 꿈을 이어갔다. 미술대학을 가지 못한 어릴 때 꿈이 한이 되어 붓을 놓지 못하고 살아왔구나! 하는 생각이 들었다. '내 나이 60인데 어릴 때, 꿈이었던 미술대학을 가서 늦은 나이에 공부할 수 있을까?' '안되면 포기하자.' 이렇게 마음먹고 정시 미술대학교에 지원했다.

나는 운이 좋게 합격 통지서를 받았다. 마지막 입학금 내는 날까지 망설이다가 지도 교수님의 따뜻한 응원에 용기를 내어서 입학금을 내고 등록했다. 입학하고 처음으로 수강신청을 하는데 컴퓨터에 익숙하지 못하니 어리버리하면서 예쁜 여학생 동기들에게 도움을 받아서 겨우 할 수 있었다.

미술대학교 첫 수업 가는 날, 화창한 봄 3월의 날씨는 눈이 부시도록 아름다웠다. 추운 겨울이 있었기에 따뜻한 봄이 더욱 포근하게 느껴졌다. 미대에서 다양한 색채를 접하면서 내가 원했던 그림을 그릴 수 있어 진정으로 황홀했다. 낮에는 학교에서 수업하고 밤이면 그림 작업에 밤을 꼬박 새우고 아침 햇살이 눈이 부시게 밝아도 나는 시간 가는 줄 몰랐다. 내가 좋아하는 그림을 그리니 몸도 피곤하지도 않았다.

미대 4년 동안 열심히 공부했고 성적도 우수했다. 학기마다 장학금을 받으면서 공부하니 가족들 보기에도 참 뿌듯했다. 내가 원했던 미대를 졸업하면서 첫 개인전 하는 것이 나의 목표였다. 미대 4년은 꿈처럼 지나갔다. 졸업하고 첫 개인전을 하는 날, 지도 교수님의 칭찬과 남편의 인사말에 감동하여 작가로서 작품 설명을 해야 하는데 말 한마디 못하고 눈물만 흘리고 있었다.

　나의 지인들과 가족들이 모인 자리에서 눈물로 얼룩진 얼굴에 애써 미소를 머금고 인사를 마쳤다. 개인전을 하고 나면 항상 부족함을 느끼며 아쉬움이 남았다.

　늦은 나이에 공부를 해보니 자신감이 생겼다. 나는 공부를 더 할 수 있는 길을 찾았다. 미술 교육학 석사 공부를 하면서 내 작품의 감성과 색채 분석을 하게 되었다. '왜 그림을 그리는가?' 석사 졸업 논문 준비하면서 나의 작품 [달항아리]와 내 삶의 여정을 돌아볼 수 있었다. 맏며느리의 삶 속에서 여러 가지 축적된 기억들을 [달항아리]에 담았다. 어머니로서 모든 것을 감싸 안고 수용하는 삶을 다양한 색과 계산되지 않은 부정형 원의 아름다움은 나에게 포근하게 마음속 깊이 다가왔다. 공부하면서 힘들 때, 내 자아를 찾아 존재의 의미를 갈구하면서 방황하던 중 미술치료학회 연수회를 찾았다. 정신과 교수님 강의를 들으며 배운 심리 공부는 나의 지난 삶 속에 어려운 인간관계의 문제를 극복할 수 있었다. 그때부터 미술치료학에 관심을 가지고 새로운 도전 박사과정을 시작했다. 나의 성장을 위해 폭넓은 지식과 임상을 익히며 미술 치료학 박사과정을 수료하고 지금은 박사 논문 진행 중이다. 내 삶에 배움의 여정이 있었기에 나는 늙음에도 풍요로운 삶을 살 수 있다. 중년 이후 새로운 도전을 시작해서 두려움과 망설임을 극복하고 꿈을 이루었다. 10년 동안 가방 들고 학교 다닐 때가 내 생에 가장 행복했다. 미술작품과 미술치료를 통한 자전적 탐구는 변함없는 열정으로 이어져 나갈 것이다.

no.9

김미정

❑ 소개
1. 하모니코칭센터 대표
2. (사)한국코치협회 전문코치KPC
3. 대한음악치료학회 음악치료사
4. (사)한국멘토교육협회 이사
5. 한국부부행복코칭센터 전문교수
6. 각당복지재단 웰다잉전문강사
7. 경영학 박사, 시니어타임스 전문기자

❑ 연락처
1. 블로그: https://blog.naver.com/tsons2
2. 페이스 북: 김미정
3. 유튜브: 구름아 내 친구 해주렴

양푼 냄비 비빔밥

'과연 산전수전이라 할 만큼 나의 고통이 컸을까?' 그래도 망망대해에 혼자 노 저어가는 외로운 뱃사공의 느낌이었던 삶의 한 토막을 떠올려본다.

내 기억에 우리 집은 큰 부자는 아니었으나 그럭저럭 살아가는 집이었다. 적어도 고3 여름 방학이 시작되는 날 아버지께서 사고로 갑자기 돌아가시기 전까지는 그랬다. 즐거웠던 집이 슬픔으로 가득 찼다. 엄마와 3명의 동생(고2, 초등6, 유치원)들을 보며 무거운 책임감에 짓눌렸다. 몇 달 후에 있을 예비고사도 걱정이 되었다. 슬픔보다 두려움이 컸다.

아버지를 땅에 심고 왔냐고 묻는 막내를 안고 한참 울었다. 9남매 맏이 역할도 잘하고 일도 열정적으로 하신 아버지! 가족과 지인들에게 아낌없이 베푸시고 존경받으셨다. 그 옆에서 9남매 맏며느리 역할을 잘하신 엄마! 그러나 그 모든 것이 그날로 어긋나 버렸다.

함께 살던 할아버지 할머니께서 어느 날 조용히 짐을 싸고 작은 아버지 댁으로 간다고 하셨다. 나도 엄마도 놀랐다. 혼자된 며느리와 함께 사는 것이 미안하고 불편하셨나 보다.

"혼자 어떻게 녀석들하고 지내라고 간다고 하십니까?"

할아버지, 할머니 팔을 붙잡고 엉엉 우는 엄마를 기억한다. 두 분은 엄마를 안아주시며 함께 울었다. 나도 울었다.

"용기 잃지 말고 잘 살아야 한다. 애썼다."

"우리 착한 손녀 미정아, 이제 네가 엄마와 동생들 잘 보살펴야 한다. 할아버지 할머니 걱정은 하지 말아라."

그렇게 두 분은 작은 집으로 가셨지만 만날 때마다 우리 4남매를 늘 애틋하게 바라보시고 보듬어주셨다.

그 후 엄마는 한동안 환청과 망상 증세가 있었다. 수시로 "미정아, 금방 아빠가 왔다 갔다, 너도 봤지?"라고 했다. 그때마다 엄마를 달래주곤 했다. 엄마는 집안 살림에 무심해지기 시작했다. 학교 갔다 오면 집안일을 도와야 했다. 부지런하고 정갈한 엄마의 모습이 아니었다. 먹는 것에도 소홀해졌다.

어느 날 커다란 양푼 냄비가 등장했다. 냄비 안에는, 이것저것 넣고 고추장에 버무린 비빔밥이 가득 있었다. 냄비 가장자리에는 5개의 숟가락이 드문드문 꽂혀있었다. 당황했다.

"밥 먹어라!"라는 엄마 말에 동생들은 양푼 냄비 앞에 둘러앉아서 불평 한마디 없이 먹기 시작했다. 그 모습을 보고 설움이 북받쳤는지 동생들 모르게 눈물이 흘렀다. 아버지 계실 때의 단란한 모습이 떠올랐다. 예전에 못 보던 엄마의 모습에서 적잖이 당황했다.

고3 2학기를 이렇게 맘고생을 하며 입시 준비를 해야만 했다. 그래도 양푼 냄비 비빔밥이 사실은 참 맛있었다! 정말이다! 다행히 몇 달 후 엄마는 마음을 가다듬으셨다. 삶의 변화는 맏딸인 나로 하여금 강한 생활력을 갖게 했다.

　대학생 때 알바도 많이 하며 부족하나마 용돈을 벌었다. 맏딸로써 내색 못하고 혼자 감내했던 시간들. 그래도 엄마만큼 힘들었을까? 1977년, 대학 2학년 때였다. 중학교 2학년인 둘째 남동생이 학교에 가려고 하는데 차비가 없었다. 식구들 옷 주머니를 다 뒤져도 돈 한 푼 없고 버스 표도 없었다. 중간고사 기간이었던 동생의 표정은 초조함으로 가득했다.

　마지막으로 내 바지 주머니를 샅샅이 뒤졌는데 꼬깃꼬깃한 버스 표가 나왔다. 나는 동생 가방을 들고 "괜찮아", "괜찮아" 하면서 함께 버스 정류장으로 뛰었다. 출발하려고 하는 버스를 겨우 멈추고 동생을 태워 보냈다. "걸음아 날 살려라!"

　휴! 하고 한숨을 쉬고 보니 슬리퍼 한쪽이 보이질 않는다. 주변을 둘러보니 저만치 한 짝이 보인다. 사람들이 웃었다.

　"얼마나 정신없이 뛰었으면 한쪽이 벗겨진 것도 몰랐을까!"

　나는 그날 학교까지 걸어갔다. 아주 먼 거리는 아니었지만 버스 5정거장은 걷기에는 꽤 먼 거리였다. 작년에 환갑을 맞이한 동생과 옛 얘기를 하면서 그 시절이 떠올라, 한잔하다가 웃다가 울다가 했다.

　올곧게 커주고 단란한 가정을 꾸려준 동생이 참 고맙다. 아버지 가시고 힘겹던 시절의 한 토막 이야기! 사람들의 지난 얘기를 들으면 그래도 나 정도면 감사하고 행복한 쪽이라고 생각한다. 엄마가 좋아하시던 노래 '오 대니 보이'를 부르고 싶다!

no.10

최윤정

❏ 소개
1. 윤정교육연구소 소장
2. 대전보건대학교 유아교육과 겸임교수
3. 한국보육진흥원 보육과정 전문코리더
4. 충남육아종합지원센터 부모자녀체험 강사
5. 해커스평생교육원 아동학과 교수
6. 내 삶을 바꾼 책 저자

❏ 연락처
1. 블로그: https://blog.naver.com/fancyyj
2. 메일: fancyyj@hanmail.net

근거 없는 자신감

'나는 잘 운영할 거야',
'나는 잘할 수 있어',
'나는 성공할 수 있어'

지금 생각해 보면 대체 어디에서 나온 자신감이었을까 싶다.

결혼 당시 나는 대학원 석사과정생이었다. 남편 역시 석사과정 중이었고, 둘 다 가진 것 없는 학생이었다. 결혼 후 2개월 만에 첫 아이가 생겼다. 남편의 수입은 연구 장학금 50만 원이 전부였고, 나는 학교 다니며 가정 방문수업 강사로 일했는데, 고정 수입이 아닌 만큼 130만 원을 벌던 달도 있고, 손에 쥐는 게 없는 달도 있었다.

남편은 첫째가 태어나기 전 취업에 실패하고 캐나다로 어학연수를 떠났다. 이후 리비아로 발령받아 갔지만, 8개월 만에 권고사직을 당했다. 그렇게 겨우겨우 다시 취업에 성공해 다시 인도로 떠난 남편은, 이번엔 2개월 만에 퇴사했다. 이유는 간단했다. "사업을 하겠다"라는 것이다.

경제적 책임은 자연스레 나에게 넘어왔다. 남편이 사업 선언을 한 이후, 내가 선택한 길은 어린이집 운영이었다. 아이들을 키우면서 수입을 얻을 수 있을 것 같았다. 친정엄마의 도움으로 권리금 5,000만 원, 보증금 5,000만 원, 월세 100만 원 조건의 가정 어린이집을 인수했다. 인수 비용만으로도 벅찼다. 부푼 희망과 달리 상황은 생각보다 더 어려웠다. 인수를 마치자마자 옆 동에 68평 규모의 어린이집이 개원 준비 중이라는 것을 알게 됐다. 계약 파기도 고려했지만, 나는 '내가 더 잘할 수 있다'라는 근거 없는 자신감으로 밀어붙였다. 그러나 기존 원생 13명은 모두 옆 동으로 옮겨갔고, 남은 아이들은 단 7명이었다.

정원 20명 중 최소 15명이 넘어야 수익이 나는 구조였기에 시작부터 적자가 불가피했다. 급식비, 교사 월급, 조리사 비용까지 다 내고 나면 내게 남는 돈은 없었다. 상황은 더 악화됐다. 믿었던 교사가 평가인증 한 달 전 퇴사를 하며 자신이 데려온 아이들을 모두 빼갔다. 다른 교사는 운영 상황이 어렵다는 이유로 아이들 부모를 부추겨 이탈을 유도했다. 원생은 점점 줄어들었고, 교사들의 불만과 이직도 이어졌다.

나는 정직하게 운영하고 싶었다. 유기농 식재료로 급식을 준비했고, 부모들에게 추가 비용을 최소화했다. 하지만 그런 노력에도 불구하고, 운영은 점점 더 어려워졌다. 2011년 9월,

7명의 원생으로 시작한 어린이집은 2014년 4월 내가 그만둘 때 단 1명의 원생만 남았다.

결국 남은 건 빚 6,500만 원이었다. 친정엄마께 빌린 돈도 아직 갚지 못했다. 30살, 의욕만 넘쳤던 나는 33살에 인생의 쓴맛을 제대로 봤다.

하지만, 이 경험이 나를 완전히 무너지게 하진 않았다. 처음으로 나는 내가 얼마나 준비가 부족했는지 깨달았다. 중요한 결정을 내릴 땐 감정이 아니라 철저한 조사와 계획이 필요하다는 것도 배웠다.

지금 나는 어떤 일을 시작하기 전에 철저히 분석한다. 직관이나 감정에만 의존하지 않고, 냉정하게 데이터를 검토한다. 쉽게 결정을 내리지 않는다. '될 거야!'라는 막연한 자신감 대신 '어떻게 하면 될까?'라는 질문을 던진다.

그때는 실패했지만, 나는 이 경험이 내게 너 나은 선택을 할 힘을 주었다고 믿는다. 그 경험은 나를 성숙하게 만들었고, 실패를 대하는 태도를 바꿨다.

6,500만 원이라는 값비싼 수업료를 내고 배운 교훈은 절대 헛되지 않았다. 나는 더 신중한 사람이 되었고, 어떤 어려움도 결국에는 이겨낼 수 있다는 자신감을 다시 얻었다.

"실패는 끝이 아니다. 그것은 더 나은 시작을 위한 과정일 뿐이다." 이제 나는 이 믿음을 바탕으로 더 나은 삶을 준비하며 살아간다.

산전수전

2장

고난의 강을 건너 온 나

11. 김송례
고난의 강을 건너 온 나

12. 한민정
나의 길은 선생님

13. 최현주
우리 딸 멋지네! 최고다!

14. 양 선
아차 하는 순간 넋이 빠지다

15. 윤민영
나에게 또 이런 일이

15. 최민수
희망의 크로스 슛,
시련을 넘어 빛을 찾다

17. 이마리
내 가슴에 꽃이 피었다

18. 김경화
1억 원을 놓았을 때 행복했다

19. 음희화
죽을 때까지 갚지 못할 마음의 빚

20. 김미옥
돌아보니 은혜입니다

no.11

김송례

❑ 소개
1. GnB영어전문학원 원장
2. GnB영어전문교육(주)전남서부본부장
3. 캐나다 마운틴뷰 교육청 한국사무소 전남본부장
4. 작은문화모임 재무이사(사)
5. 스마트 EXE 대표

고난의 강을 건너 온 나

  나는 전라남도 해남에서 태어나 유년 시절을 보냈다. 아버지를 따라 목포로 이사하면서 목포는 내 삶의 고향이 되었다. 하지만 그곳에서 마주할 수많은 고난과 아픔은 미처 예상하지 못했다. 목포에서의 새로운 삶은 쉽지 않았다. 생계를 위해 바쁘게 일하는 부모님을 도우며 나는 점점 어른으로 성장해 갔다. 아버지는 오랫동안 아들의 탄생을 간절히 바랐지만, 우리 가족은 또 한 명의 딸을 맞이하게 되었다. 그렇게 우리 집은 '딸 부잣집'이라는 별명을 얻게 되었고, 여섯 딸 중 첫째인 나는 자연스럽게 더 큰 책임감을 떠안게 되었다.

  그러던 어느 날, 엄마의 투병 소식이 전해졌다. 어린 나이에 감당하기 어려운 현실이었지만, 나는 동생들을 돌보고 집안일을 도맡아 해야만 했다. 십 대 시절은 까르르 웃고 뛰어놀아야 할 시기지만, 나는 소녀 가장이 되어버렸다. 그러나 힘든 현실 속에서도 한 가지는 절대로 포기하지 않았다. 그것은 바로 공부였다. 낮에는 알바하고, 밤에는 야간 고등학교 학업을 이어갔다. 졸업 후에는 취업에 성공해 매달 월급을 받았지만, 그 돈은 가족의 생활비로 모두 사라졌다. 다행히 엄마의 건강은 조금씩 회복되었고, 우리 가족은 점차 안정을 찾아갔다.

그러나 안도도 잠시, 또 다른 시련이 다가왔다. 엄마의 임신 소식에, 막막함과 두려움이 나를 엄습했다. 그때 나는 도망치고 싶은 마음이 굴뚝같았다. 이런 상황이 너무 싫었지만, 엄마는 새 생명을 자신의 마지막 희망처럼 품었다. 결국 우리 가족은 세상에서 단 하나뿐인 귀한 아들을 맞이하게 되었다.

시간이 흘러 나는 결혼을 했고, 두 딸을 낳아 가정을 꾸렸다. 사업을 시작해서 경제적으로 안정을 얻었으며 친정과 시댁의 크고 작은 일을 도맡아 하며 많은 역할을 해냈다. 바다 한가운데에서 사고를 당해 헬기로 병원에 이송되어 오시던 아버지가 간암 말기 판정을 받고 투병을 하시다가 돌아가셨을 때, 감당하기 어려웠던 아픔 속에서 나는 살아내야 했다.

나는 지나치게 정이 많은 사람이다. 힘든 사람을 외면하지 못하는 성격 때문에 손해를 본 적도 많고, 상처를 입은 적도 적지 않았다. 사람을 믿는 것이 중요하다고 생각했지만, 믿음 때문에 인생이 무너질 뻔한 적도 있었다.

한순간의 잘못된 선택과 무지로 인해 3년간 재판의 고통을 겪어야 했다. 결국 승소했지만, 몸과 마음은 이미 지칠 대로 지쳐있었다. 그 사건은 나에게 중요한 교훈을 주었다. 아무나 쉽게 믿지 말자고, 스스로 더 지혜로워지자고 다짐했다.

어느덧 세월이 흘러 나의 삶은 조금씩 평온을 찾아갔다. 나는 고난을 통해 얻게 된 삶의 지혜를 주변 사람들과 나누기 시작했다. 어려운 시간을 함께 견뎌낸 가족들과 더 단단한 유대를 쌓아갔고, 내 경험을 듣고 위로를 얻는 사람들에게 힘이 되었다. 그 과정에서 나 자신도 치유되고 있음을 느꼈다. 나를 돌보는 것이 곧 다른 이를 돕는 것이라는 것을 알게 되었다.

과거의 고통과 실수는 더 이상 나를 얽매는 족쇄가 아니라, 성장의 밑거름이 되어주었다. 또한 지역 사회에서 다양한 봉사활동에 참여하며 보람을 찾았다. 내가 베푼 작은 도움들이 누군가에게는 큰 희망이 될 수 있다는 사실은 나를 더욱 열정적으로 만들었다. 내가 겪은 고난이 헛되지 않았음을 깨닫게 되는 순간들이었다.

지금 나는 오랜 시간 쌓인 반성과 트라우마를 극복하며 새로운 삶을 만들어가고 있다. 비록 고난의 시간이 많았지만, 그 모든 경험이 오늘의 나를 만들어준 밑거름임을 안다.

나는 이제 세상에서 가장 소중한 것이 '나 자신'이라는 것을 깨달았다. 우주의 모든 것은 나를 중심으로 돌아간다. 열심히 살아온 내게 스스로 칭찬 한마디를 건네며, 남은 인생은 감사와 사랑으로 가득 채우고자 한다. 나의 이야기가 누군가에게 작은 희망이 되기를 바란다. 그리고 이 고난의 강을 건너온 나를 진심으로 응원한다.

❑ 소개

1. 국민대학교 교육대학원 석사 수료
2. 쥬드발레하우스 무용학원 원장
3. 세종특별자치시 교육협회 회장
4. 세종특별자치시사회복지협의회 이사

❑ 연락처

네이버 검색: 쥬드발레하우스 무용학원

나의 길은 선생님

나는 결국 선생님이 되었다. "애는 못해도 초등학교 선생은 하겠다." 어릴 적 작은아버지가 내 사주를 보고 하신 말씀이다. 사실, 어린 시절의 기억은 흐릿하지만, 작은아버지의 그 한마디는 내 머릿속에서 자주 떠올랐다. 그는 내가 선생님이란 소리를 듣고 살 거라고 확신을 한 것 같다. 이후, 다른 어른들에게도 그런 이야기를 종종 들으며 자랐지만, 나는 그 말이 무슨 말인지도 모르고 살았다.

이른들의 말에 반발심이 컸던 사춘기 시절, 겉멋이 듬뿍 들어서 무용을 배우며 무대 위에서 빛나고 싶었다. 초등학교 5학년 때부터 학교 무용반 반장을 맡아 학원에서 배운 동작을 선·후배들에게 가르쳐 줬던 내가 정작 무대만 꿈을 두고 있었다는 건 참 아이러니한 일이다.

대학교 진학 무렵, 나는 막연히 '무용단에 들어가겠지'라고 믿었다. 하지만 그 시기는 IMF 여파로 문화예술계가 큰 변화를 겪던 때였다. 지역 무용단의 예산이 축소되었고, 단원의 숫자는 매년 줄어들었다. 그제야 '무용만으로 평생을 꾸려갈 수 있을까?"라는 현실적인 고민이 밀려왔다.

대학 졸업 시기가 오자, 교직 이수를 신청할 기회가 생겼다. 어른들이 하던 말처럼 '선생님'이 되는 길을 열 수 있는 중요한 순간이었지만, 그때 나는 그 기회를 의도적으로 외면했다. 여전히 반발심이 남아 있었던 탓일까? 결국 대학을 졸업한 뒤 강사로 사회생활을 시작했다. 그러나 강사라는 직업은 나에게 안정감을 주지 못했다. 시간이 지날수록 열정을 쏟고, 명확한 목표를 세울 수 있는 직업이 절실해졌다. 그때 비로소 대학 시절 교직 이수를 놓친 것이 너무 아쉽게 다가왔다. 뒤늦게라도 공부하고 싶다는 열망이 나를 대학원으로 이끌었다. 대학원에 진학한 이후, 낮에는 교육연구소에서 일하고 밤에는 수업을 들으며, 주말엔 무용 강습까지 병행했다. 이 모든 것이 나에게 주어진 선택이었지만, 매일의 피로는 가늠할 수 없을 만큼 컸다.

한 번은 커피를 삼키기도 전에 그 자리에서 잠들어 커피를 흘린 적도 있다. 지금 생각하면 웃을 수 있는 에피소드지만, 그 당시엔 정말 힘들었던 기억이다. 그러나 힘든 그 시기를 보내며 무용을 바라보는 나의 시선이 완전히 바뀌는 경험을 했다.

대학원에서의 학업은 나에게 무용이 단순히 무대에서 관객들에게 완벽함을 보여주는 예술에만 그치지 않는다는 것을 깨닫게 해주었다. 무용은 우리의 일상과 밀접하게 연결될 수 있는 중요한 활동이었다. 나는 무용을 통해 사람들이 삶의 활력을 찾고, 건강을 되찾으며, 자신을 표현할 수 있는 도구로 만들고 싶었다. 결국 졸업 후, 나는 자연스럽게 무용학원을 운영하며 학생들을 가르치기 시작했다. 수많은 시행착오를 겪었지만, 학생들과 함께 성장하며 보람을 느꼈다. 그들과 함께 무대를 준비하고, 행사를 진행하며 무용을 단순한 예술이 아니라 일상에 스며든 문화로 바꾸어 나갔다.

  무대를 떠나 관객이 아닌 학생들과 직접 호흡하며, 또 다른 형태의 무대 위에 서 있다는 것을 깨달았다. 내가 전해주는 지식과 열정이 제자들의 삶을 바꿀 수 있다는 사실이 나를 힘들게 하기도 하고 자극이 되기도 했다.

  늦은 나이에 내 길을 찾았지만, 지금의 내가 그토록 오랜 시간을 돌아 지금 여기로 온 길이 감사하다. 어쩌면 어른들의 한마디가 내 운명을 이끌었는지도 모르겠다. 아니면 사주라는 이름의 길잡이가 나를 여기까지 데려왔을 수도 있다.

  제자들에게 전하고 싶은 말이 있다. "늦게 시작해도 괜찮아. 오히려 너의 길을 찾아가는 과정에서 배운 경험과 시행착오는 너만의 큰 자산이 될 거야. 다른 사람보다 출발이 늦었더라도 걱정하지 말고 끝까지 열정을 다해봐. 그 끝엔 분명 너만의 무대가 기다리고 있을 거야."

  어쩌면 사주의 작은 문장들이 내 운명을 미리 알려준 것이 아니고 내가 선택해 온 길이 사주 속에 녹아있었던 것은 아닐까? 그 진실은 알 수 없지만, 한 가지는 확실하다. 지금 나는 '선생님'이라는 이름으로, 매일 제자들과 새로운 이야기를 써 내려가고 있다.

  내가 가야 할 길 위에서, 그들과 함께 빛나고 있다.

no.13

최현주

❑ 소개

1. 프리타라인 대표
2. 부산지역사회교육협의회 책임강사
3. 에니어그램 전문 강사,
4. 관계소통 교육 전문 강사
5. 전자책 출간
6. 온라인 오프라인 2000회 이상 강의 코칭

❑ 연락처

1. 블로그 : ds5chg23, tofhdna1215
2. 인스타 : preeta.choe2
3. 네이버 검색 : 최현주

우리 딸 멋지네! 최고다!

　나는 에니어그램, MBTI, DISC, 보드게임, 큐브 등 다양한 도구를 활용하여 소통 교육 활동을 하는 전문 강사다. 고등학교를 졸업한 후, 첫 직장인 변호사 사무실을 제외하고는 오로지 교육 분야에서만 활동해 왔다. 1대 1, 소수, 그룹, 다수 수업 등 어떤 방식으로든 교육업에 전념해 왔다.

　내기 소통 교육 상사로 활동하게 된 배경에는 유복하지 않은 가정에서 자라서 가족을 돕고자 하는 마음이 있었다. 헌신적으로 가족을 챙기던 어머니를 보며, 나 역시 스스로를 돌보지 않고 몸과 마음이 아픈 줄도 모르는 무딘 사람이 되어갔다.
　결혼 후 산후조리 기간을 제외하고는 계속 일을 해왔고, 첫 아이가 학교에 입학하고 둘째를 출산했다. 다른 학부모들과의 친목 모임이나 나를 챙기는 것은 사치로 여겨졌다. 아이들, 부모님, 성인, 시니어들과 소통하며 만남을 이어갔지만, 정작

나 자신을 돌아볼 여유는 없었다. 정신없이 앞만 보고 달리던 나는 결국 번아웃과 우울증에 시달리게 되었고, 무기력한 상태로 갇히게 되었다.

누군가가 나를 긍정적으로 바라봐 줄 때, 감사하기보다 '왜 나를?'이라는 의문이 더 컸다. 나의 소중함을 인정하지 못한 채 하루하루 책임과 의무를 다하며 버텨왔다.

어디서 다친 줄도 모르게 다친 상태로 한 달이 지나고, 다리가 시큰거려 병원에 갔더니 인대가 늘어났다는 진단을 받기도 했다. 몸이 방전되는 줄도 모르고 혹사하던 중 출혈이 생기고, 어지럼증을 방치한 탓에 뇌 검사까지 받게 되었다. 의료진들에게 야단을 맞으며, 쉬지 않고 일하는 일 중독이 되어버린 나였다. 그렇게 독박 육아와 생계유지를 하며 살았다. 나만 인지하지 못했던 위험한 상황이었다.

그러던 중, 함께 활동하던 강사들이 "그동안 수고 많았다.", "정말 열심히 잘해왔다.", "너니까 여기까지 온 거야!" 등의 응원을 해주었다. 그들은 바쁜 와중에도 나를 위해 정성껏 음식을 준비하고, 작은 선물로 기분 전환을 도와주었다. 그들의 배려에 감동하며 비로소 나 자신을 다독일 수 있는 잠시의 여유를 가지기도 했다. 이렇게 많은 사랑과 응원을 받으며 조금씩 생기를 되찾았다. 그렇게 독박 육아와 생계유지를 위한 일, 강사로서 성장을 위한 공부 등 다양한 활동을 해내는 N

잡러가 되었다.

가장 큰 힘이 되었던 응원은 어머니의 격려였다. 평소 표현이 서툰 가족이었기에 부모님께 사랑한다는 말을 듣는 것은 극히 드문 일이었다. 스마트폰을 사용하게 되면서 어머니는 문자 보내는 방법을 배우고 싶어 하셨고, 나는 문자 전송 방법과 카카오톡, 카카오스토리를 알려드렸다. 그러던 어느 날, 내가 강사로 성장하기 위해 올린 글에 어머니께서 "우리 딸 멋지네! 고맙다! 최고다! 파이팅이다!"라는 응원 메시지를 남겨주셨다.

그 순간 얼마나 감동적이었는지, 한동안 눈물을 흘려야 했다. 댓글을 남기기 위한 엄마의 노력과 용기. 마흔이 다 되어서야 사랑하는 엄마에게서 진심 어린 칭찬과 응원을 받았던 것이다. 그동안 혼자 아등바등 살아온 여정들이 스쳐 지나가며 힘겨움과 서글픔, 고통, 슬픔이 다 녹아내리는 듯했다. 어머니의 그 한마디가 나를 다시 일어나게 하고, 삶의 원동력이 되었다.

이 경험을 바탕으로 나는 많은 이들에게 이야기한다. 자녀들에게 든든한 버팀목이 되어주고, 가족에게 인정받고 소중한 존재임을 아는 것이 얼마나 중요한지를 말이다. 진정으로 사랑받아 본 사람만이 사랑을 나눌 줄 안다는 것을 깨달았다. 이제는 나부터 실천해 보려 한다!

no.14
양 선

❏ 소개
1. 여여나무연구소 대표
2. 당신 인생 운전대는 안녕하신가요? 책 통한 마음 상담가
   체질 직업전문가, 기획 프로그램전문가
3. 한국작가협회 이사겸 김해지부장
   한국자서전협회 김해 지부장
4. 전자책, 공동저서, 장애전자출판, 재활전문서적,
   자서전 출판 전문,
5. 전자책, 종이책 기획포함 19권이상 출판 현재 계속 진행
6. 부산진구봉사센터 캠프장 가야2동 5년

❏ 연락처
1. 네이버 검색: 양선
2. 블로그 검색: https://blog.naver.com/yesing30

아차 하는 순간
넋이 빠지다

　어느 날 친구가 같이 일하는 곳에 가서 설명을 들어보자고 했다. 범일동에서 하는 사업 세미나에 초대를 받았다. 다단계 판매였다. 난, 다단계 자체를 잘 몰랐다. 우선 상품은 좋았다. 그때 당시 내가 결혼할 때 가지고 온 여유 자금으로 영업하면서 돈을 좀 벌었었다. 친구가 내 일을 도와주어서 믿음을 가지고 있었다. 이때 당시는 경제관념이 전혀 없을 때다. 식 달까지는 달에 300만 원 정도까지 벌었다. 하지만 오래 할 일은 아니라는 생각에 다음 달 월급이 들어오면 일을 정리하고자 하는 마음으로 있었다.

　친정에 제품을 선물하고 친구 한 명을 소개해서 함께 했었다. 어느 날 뉴스에서 소식이 들려왔다. 바로 내가 있던 다단계 회사가 뉴스에 떴다. 한순간 눈앞이 캄캄했다. 친구가 내 돈을 들고 사라졌다. 한 달 월급과 정산 물품비가 통째로 사라졌다. 900만 원을 정산 후 입금 완료란 명세서만 이메일로 들어오고 돈은 본인이 들고 사라진 것이다. 순간 깜깜했다.

　우선 상황을 알아야 했기에 그 친구와 연관된 분에게 통화하고 난 후 3일 뒤에 소식을 들었다. 친구와 몇 명은 경찰의 수사를 피해 도망을 다니고 있었다. 이때 내 돈을 들고 갔다는 것이다. 나의 경우는 사직서를 제출한 후 받은 월급이라서 관련이 없는 상태로 수사와 상관이 없었다.

　어렵게 친구와 통화가 되었고 목소리를 듣는 순간 화가 났다. 나는 "어떻게 본인 살자고 친구를 죽이는 행동을 하느냐"라고 따졌다. 하지만 사건은 일어났고, 친구에게 돈을 받는 것이 급한 부분이라서 만나서 이야기하고자 했다. "이 돈이 어떤 돈인데~~ 딸 치료하기 위해서 모은 돈인데~~ 그 돈을 가져가야 했니!" 이렇게 말하니 이때 전화기에서 들려오는 친구가 하는 말 "친구야, 미안하다. 하지만, 넌 너고 난 나다." 그 소리에 너무 당황했다.

　친구와 통화하고 난 후 내 월급과 영업한 정산 돈 900만 원이 사라진 그 상황이 너무 황당하고 믿기 힘들었다. 내 머릿속은 아무 생각을 할 수 없게 되어 딸을 이웃에 잠깐 맡기고 하루 정도 홀로 시간을 보냈다. 차마 남편에게는 말도 못 했다. 말하면 난 남편이나 시댁에 가족이 아니게 되는 것이다.

　그나마 두 달 정도 900만 원 정도를 벌었기에 나았지만, 나머지 정산한 돈이 사라지니 정신을 차릴 수가 없었다. 나와 같이 일을 한 친구가 자신도 돈을 못 받았으니 나에게 책임을 지라고 했다. 난 고민하고 다시 문자 주겠다고 하고 일주일 정도 고민 끝에 적금을 정리해서 친구에게 350만 원 돈을 돌려주었다.

마음이 아프고 슬펐지만 돌려주고 인연을 끊었다. 몸과 마음은 지쳐갔고 아이는 치료를 받아야 했다. 여러 가지 힘든 일이 겹치고 있었다. 딸을 보살펴야 했기에 이후 6년 정도 부업을 해서 900만 원을 채우기 위해 노력했다. 악몽 같은 일을 겪고 나니 못난 난 자신 싫었다. 잘못 판단한 실수로 6년이라는 시간을 넋이 빠진 것처럼 살았고 나 자신을 많이 원망했다.

그때 당시엔 그 누구와도 의논하지 않고 스스로 판단해서 혼자서 해결하려고 했다. 그래서 더 힘들었다. 지금은 작은 것부터 사소한 기라도 가족들과 의논해서 진행하고 있다. 이 글을 읽는 독자분들은 이런 일이 생기면 혼자만 생각하지 말고 가까운 사람에게 대화로 의논하며 같이 감당했으면 한다. 이 일을 통해 나는 쉽지는 않지만, 가까운 가족과 대화로 큰 문제를 풀어나갈 수 있다는 점 다시 한번 느꼈다.

어려운 일이 생기면 차후 그 실마리를 풀어가는 방법의 경험을 풀어가기 위해서 꼭 비슷한 일이 생긴다. 이런 비슷한 일이 일어나지 않았으면 한다. 난 이런 일로 상담할 때 회원들에게 도움을 주기도 한다. 가족은 따뜻하고 행복 에너지가 많다는 점을 알려 주고 싶다.

no.15
윤민영

❏ 소개

1. 자담인영힐링 대표
2. 전자책 크몽 입점
3. 브런치 작가
4. 온라인 오프라인 건강강의 코칭
5. 초등학교 영어 교사
6. 자담인영힐링 쇼핑몰 운영
7. 공저 '내 삶을 바꾼 책' 베스트셀러 작가

❏ 연락처

1. 블로그: https://blog.naver.com/eiept211
2. 쇼핑몰: https://jd100923.jadamin.kr
3. 유튜브: 건강백세프로젝트 영힐링

나에게 또 이런 일이

　새벽 2시 30분. 제대로 잠이 오지 않아 뒤척이다 겨우 잠든 시간, 뭔지 모를 불안감에 며칠 컨디션이 좋지 않았다. 황급히 울리는 새벽 전화벨 소리에 온몸이 녹아내린다. 새벽에 오는 전화치고 좋은 일이 없다는 것을 알고 있던 내 가슴이 콩당콩닥거린다. 옛일이 떠오르지만 억누르고 후다닥 남편과 함께 그곳에 가본다. 이미 여러 대의 소방차와 소방대원 그리고 온 동네 구경꾼들이 가득 차 있다.
　건강 놀이터 [영힐링 건강연구소]를 만들기 위해 기존에 있던 어학원도 없애고 동생 보습학원으로 영어를 합치고 그 학원으로 이전했다. 건물 1층에 불나기 2년 전 권리금까지 주며 들어간 그곳에 8,000만 원을 들여 실내장식도 했다. 카페를 해보고 싶다는 동생의 말에 커피 추출기와 카페 용품을 사들이다 보니 매월 나가는 월세 110만 원 외에 많은 돈이 들어간 상태였는데 결국 하루아침에 모든 것이 물거품이 돼버렸다. 천만다행인 것은 3층 건물 전체로 번지지 않고 1층만 불이 났다는 것이다. 마침, 얼마 전 옆 가게에 새벽까지 장사하는 배달 음식 전문점이 들어와 연기가 모락모락 새어 나오는 것을 보고 신고가 빨랐단다. 이것 또한 천운이라 생각했다. 건물 전체가 다 탔다면 얼마나 끔찍한 일이 벌어졌을까! 내부 중 배전반이 있던 사무실 쪽에서 불은 시작되었다고 한다. 사무실은 거의 다 탔고 전기선을 타고 천장의 시스템에어콘 시설들이 다 녹아내린 상태였다. 물론 전기 조명은 하나도 남아나지 않아 어둠만 가득한 곳이 되었다.

얼마 전만 해도 희망에 차서 즐겁게 행복을 노래했던 [영힐링 건강연구소]!!! 내 질병을 자연 건강법으로 지켜냈고, 18kg을 3개월 만에 감량하고 요요현상 없이 몇 년간 유지했다. 궁금해하는 많은 분이 문의했고 이야기 나누다 보니 이런 놀이터가 필요했다. 그 누구도 나에게 이런 자리를 만들라고 하지 않았지만 나 스스로 돈 들여 만든 곳이었다. 그런 곳이 한순간에 불에 타고 내 꿈이 물거품이 된 것이다.

뭐가 문제였을까? 도대체가 이해되지 않는 상황이었다. 하지만 생각해 보면 그동안 나에게 벌어졌던 상황 중 내가 이해되는 상황이 한 건이라도 있었던가?

대학 졸업하던 날 언니가 소매치기당하던 순간! 그로 인해 충격받은 아버지가 그달 인슐린 쇼크로 인사불성이 되어서 한 달 만에 돌아가신 일! 동생이 내 차를 몰고 나가 교통사고를 내어 내 차는 폐차가 되고 그 합의를 보러 밤낮으로 뛰어다녔던 일! 둘째를 낳고 누워있는데 보름 만에 대학원 간다던 남편은 안중에 있는 타이어 공장에서 폐기물처리를 위해 일부러 불을 질렀다는 제보를 받고 가다 수원이 아닌 안중에서 졸음

운전으로 교통사고를 크게 낸 일! 그 후 그를 간병하느라 산후조리도 못하고 온몸이 독소로 가득 차서 자연 건강법을 만나기 전 50대 초반까지 당뇨에, 비만에 시달리며 살았던 일! 등. 남들은 어떻게 그렇게 아무렇지도 않게 씩씩하게 사느냐고 묻는다. 그저 나는 일이 생기면 그걸 해결하려고 최선을 다했을 뿐이다. 그 많은 일들을 해결해 가면서 성장한 것이다.

이것보다 더 한 일들이 펼쳐졌지만 내가 자연을 담은 [자담인]을 만나 배운 건 감사였다. 감사일기를 함께 쓰며 배웠던 가슴 울리던 말 '감사할 줄 알면 감사를 주신다.' 불이 난 현장을 보면서도 나는 감사하다고 말했다. "3층까지 번지지 않아 감사합니다." "그 전날 떡볶이를 해 먹이기 위해 학원생들로 그득했었는데 그 시간에 불이 났으면 얼마나 아이들이 놀랐을까? 그런 상황이 아니라서 감사합니다." "다른 분들이 그 불로 인해 다치지 않아서 감사합니다.

그 불로 인해 건물주는 보상금으로 낡은 건물을 새것으로 탄생시키게 되어 감사합니다. 그 사고 후 내 건물로 들어가서 사업을 안정적으로 할 수 있게 되어 감사합니다." 불이 나자 내가 소속되어 있는 단체의 많은 분이 오셔서 정리를 도와주었고 자담인 본사의 따뜻한 격려는 지금도 잊을 수가 없다.

불이 나는 바람에 나는 내 건물로 들어가서 자연건강법 자담인 사업을 열심히 펼치고 있다. 변비로 고생하거나 비만으로 고생하는 많은 분에게 나의 이야기가 희망이 되어 메아리처럼 울리고 있다.

no.16

최민수

❏ 소개
1. 민싸이트 북스(MinSight Books) 대표 및 저자
2. 인천형 시민교수: 고객의뢰 맞춤형 융합 교육(강의)
3. 교육과 창작
   - 교육: 맞춤 강의로 배움과 긍정적인 변화를 도모.
   - 창작: 진솔한 이야기로 공감과 희망의 메시지를 전함.
4. 자격과 전문
   - 인문학지도사, 사회복지사 1급, 직업 및 심리상담사, 직업능력훈련교사, 문해교육교원, 스마트 IT 지도사
   - AI 전문가 1급, NCS 7개 강사 등 총 38개 자격 취득

❏ 연락처
1. Email: sonofgod2221@gmail.com
2. 네이버, 페이스북, 인스타그램, 스래드 검색 〈최민수〉

희망의 크로스 숏,
시련을 넘어 빛을 찾다

　삶은 예상치 못한 시련으로 우리를 시험한다. 나 또한 시련을 통해 많은 것을 배웠다. 나의 작은 결정 하나가 예기치 못한 결과를 가져오고, 그로 인해 우리 가족은 고통과 절망의 시간을 보내야 했다. 하지만 그 속에서도 우리는 희망의 크로스 숏을 날리며 앞으로 나아갈 수 있었다. 내 이야기가 비슷한 어려움을 겪고 있는 분들에게 작은 위로와 용기가 되기를 바란다.

　모든 일은 작은 도움의 손길에서 시작되었다. 경제적으로 어려움을 겪던 후배가 보증을 부탁했고, 나는 망설임 없이 그 부탁을 들어주었다. 하지만 그 결정은 우리 가족에게 큰 고통과 상처를 남겼다. 후배는 채무를 갚지 못했고, 결국 우리의 소중한 신혼 자금이 압류당했다. 결혼 초기에 어렵게 마련한 모든 것을 잃고 난 뒤 남은 것은 깊은 상처와 후회뿐이었다.

　후배의 채무 문제가 겨우 해결될 무렵, 또 다른 시련이 닥쳤다. 당시 나는 공공기관에서 중요한 업무를 맡아서 일했는데, 관리하던 건물의 건물주가 부도를 맞아 급여가 압류되는 상황이 발생한 것이다. IMF 외환위기의 여파로 경제 상황은 더욱 악화하였고, 우리 가족은 경제적 벼랑 끝에 내몰리게 되었다. 생활비를 마련하기조차 어려운 상황에서 하루하루를 불안 속에 견뎌야 했다.

이러한 반복되는 시련은 나를 정신적으로도 무너뜨렸다. 밤마다 불안과 공포 속에서 잠을 잘 수 없었고, 결국 공황장애까지 겪게 되었다. 집을 팔아야 하는 상황에 이르렀고, 우리는 처남의 집에서 얹혀살게 되었다. 모든 것이 무너진 것만 같았던 그 시절, 나는 '시련은 있어도 좌절은 없다'라는 말을 되새기며 희망의 골대를 향해 크로스 슛을 날리기로 다짐했다.

가장 힘들었던 시기에 가장 큰 힘이 되어준 사람은 아내였다. 그녀는 가족을 위해 전업주부의 역할을 잠시 내려놓고 학교 조리사로 일하며 새벽마다 우유 배달까지 도맡았다. 그녀의 따뜻한 미소와 한마디 격려는 절망 속에서도 희망을 잃지 않게 해주는 힘이 되었다. 아내는 말없이 가족의 중심이 되어주었고, 덕분에 나는 다시 일어설 수 있었다. 그녀의 끝없는 사랑과 헌신은 우리 가족이 어둠 속에서 빛을 찾는 데 가장 큰 원동력이 되었다.

시간이 지나면서 나는 후배를 용서하기로 마음먹었다. 그의 어려움을 이해하려고 노력했고, 더 이상 과거에 얽매이지 않기로 결심했다. 이 경험은 재정적 결정을 내릴 때 신중하고 객관적으로 판단해야 한다는 중요한 교훈을 남겼다. 앞으로는 감정에 휘둘리지 않고 더 깊이 생각하며, 법적 조언을 받는 등 신중한 결정을 하겠다고 다짐했다.

그 후 나는 다시 일어서기 위해 더 열심히 노력했다. 아내와 자녀들도 서로를 지지하며 어려운 시기를 함께 이겨냈다. 우리 가족이 함께 견딘 그 시간은 무엇과도 바꿀 수 없는 소중한 경험이 되었고, 우리를 한층 더 단단하게 만들었다.

이후 공공기관에서 정년퇴직 후, 사회복지 기관에서 일하며 다양한 사회적 문제를 해결하는 데 힘썼다. 이러한 노력은 '대한민국 미래경영대상'을 수상하는 영광으로 이어졌다. 이후 강사로 활동하며 지역사회에 희망을 전하고, 대학원에 진학해서 새로운 배움의 길을 걷고 있다. 배움은 내게 새로운 가능성을 열어주었고, 다른 사람들에게 희망을 나눌 수 있는 용기를 주었다,

이 모든 과정을 통해 깨달은 것은 아무리 깊은 고난 속에 있어도 포기하지 말아야 한다는 것이다. 삶은 예상치 못한 시련을 주지만, 그 속에서 우리는 더 강해질 수 있다. 어려움은 시간이 지나면 사라지고, 우리는 그 과정을 통해 더욱 단단한 사람이 된다.

삶은 때로 고통스럽지만, 그 속에서도 희망은 분명히 존재한다. 끝까지 함께하면 희망은 언제나 우리 곁에 있다는 사실을 믿으며, 나 또한 앞으로도 계속 나아갈 것이다. 희망의 크로스 숏은 반드시 성공의 골문을 뚫고 득점할 것이다. 포기하지 않고 걸어가는 당신의 걸음이 언젠가 그 빛을 만날 것임을 믿는다.

no.17

이마리

❏ 소개
1. 유방암 완치한 일반인
2. 누워서 군것질하는 걸 좋아하고
   책 읽으면서 스트레스 풀고
   남편과의 여행을 사랑하는
   아기를 기다리는 예비 엄마

❏ 연락처
1. 이메일: havazzo@naver.com
2. 블로그: https://blog.naver.com/emarii
3. 유튜브 검색: havazzo

내 가슴에 꽃이 피었다

"환자분, 아직 나이도 어린데 많이 놀라실 것 같아요. 조직검사 결과 왼쪽 가슴이 유방암으로 나왔어요."

2019년 5월 서른 살 기념으로 나에게 준 선물인 건강검진이 암으로 돌아왔다. 인생이 나에게 일격을 가하는 순간이었다.

시멘트 바닥 깨진 틈에도 홀씨가 날아와서 꽃을 피운다. 작디직은 내 가슴의 어느 균열에도 하나의 씨앗이 내려앉았다. 씨앗이 원래 그 땅에 있던 것인지 날아온 것인지는 모르지만 내 가슴에 암이라는 꽃이 생긴 건 틀림없었다. '네가 어떻게..? 어쩌다 거기에?'라는 생각이 들었다. 하필이면 이 척박한 곳에 내려앉다니 황당할 따름이었다.

가족력도 없는 데다가 별다른 통증도 없었기에 갑작스러운 암 선고는 나를 멍하게 만들었다. 그러나 울고 있을 새는 없었다. 앞으로 내가 처리해야 할 일들이 산더미였다. 가장 빠른 날로 수술 일정을 잡고 필요한 것들을 준비해나갔다. 불안감과 우울함으로 얼룩진 날은 천천히 그리고 진득하게 지나가고 있었다.

  수술 전 나는 생각보다 담담했다. 병실에 누워 천장을 바라보는데 공간이 이상하리만치 분리됨을 느꼈다. 창 하나로 이곳은 아픈 자들의 세상, 밝게 빛나다 못해 새하얀 저 창문 바깥은 건강한 그들만의 세상. 그 이상한 분위기에 동화되어 숙연해졌다. 수많은 주삿바늘과 고통스러운 검사들은 내가 아프다고 해도 멈출 수 있는 게 아니었다. 그저 병원을 떠도는 홀씨처럼 이리저리 휩쓸려 시키는 대로 할 뿐이었다. 수술실로 들어가면서 '별일 없이 다시 눈 뜰 수 있기를' 오로지 그 생각 하나뿐이었다.

  25톤 트럭에 치이면 이런 느낌일까? 수술 후 깨어난 나는 딱 숨만 쉴 수 있는 정도였다. 눈만 깜박이며 살기 위해 숨을 들이쉬고 내쉬었다. 그사이 나를 찾아와준 남자친구를 보자 나도 모르게 참았던 눈물이 터졌다. '무서웠다. 서러웠다.' 남자친구의 쓰다듬에 그제야 생각이 들었다. 그전까지 담담한 체한 것이 사실은 너무나 두려워서였다는 걸 깨달았다. 눈물 때문에 남자친구의 얼굴이 우글우글 계속 구겨졌다. 그럼에도 손을 들어 닦아낼 힘마저 없어서 다시 눈을 감았다.

  그 후로 회복은 느리지만 확실히 진행됐다. 수술부터 회복까지 내 곁을 지켜준 친구 덕분이었다. 은인인 친구는 퇴원할 때까지 나를 돌봐주었다. 내게 힘이 되어주는 고마운 친구가 있음을 아프기 전엔 미처 알지 못했다. 고통스러운 시간이 지나고 비로소 세상이 달리 보이기 시작했다. 내 안의 뭔가가 변해가고 있음이 틀림없었다.

그렇게 5년이 흘렀다. 완연한 봄기운이 가득한 날 나는 암 완치 판정을 받고 일반인으로 돌아왔다. 암에 걸리기 전 나는 결코 좋은 사람이라고 할 수 없었다. 감사함을 모르고 불평불만이 많았다. 그러나 딱 30살 어리지도 많지도 않은 적당한 때에 나는 삶을 돌아볼 기회를 얻었다. 몸과 마음을 돌보지 않았던 내게 인생의 일격은 새로운 전환점이 되어주었다.

"나를 죽이지 못하는 고통은 나를 더 강하게 만든다." 니체의 말이다. 나를 죽이지 못한 암 덕분에 이전보다 나는 더 강해졌다. 나를 사랑하는 사람들이 있음을 알았고 스스로를 아껴줘야 한다는 것을 깨달았다. 구름이 흘러가고 꽃나무가 계절에 맞게 피어있음이 얼마나 신비로운지 이제는 안다. 평범함이 가장 위대한 것임을 비로소 알게 됐다. 삶이 늘 그렇듯 어느 날은 울적하고 어느 날은 꽤 행복하다.

그러나 한 가지 분명한 것은 이 모든 것이 당연하지 않고 너무나 감사한 일이라는 것이다. 이제 내 균열에는 감사함의 씨앗을 심을 것이다. 튼튼하고 큰 아름드리나무로 키워내 그 아래에서 나의 소중한 사람들과 평범한 삶 속에 때때로 몸서리치게 행복한 날들을 경험할 것이다. 부디 이 글을 읽는 당신에게도 지극히 평범한 하루가 늘 함께하길.

no.18

김경화

❏ 소개
1. 책쓰는 요양보호사
2. 저서: 새벽독서의 힘
    　　　나의 삶을 바꾸는 필사독서법

❏ 연락처
1. 블로그: https://blog.naver.com/jjh080603
2. 네이버 검색: 김경화

1억 원을 놓았을 때 행복했다

1억이라는 돈이 얼마나 큰 금액인지 사실 원래 돈에 관심이 없던 나는 잘 몰랐다. 신랑과 결혼하고 인삼 농사를 시작한 것도 인삼밭 2천 평정도 농사지으면 평균적으로 지었을 때 1억 원을 벌 수 있다고 생각했다. 그때 1억 원은 총판매 수익이다. 그래서 시작한 인삼 농사는 우리의 희망이었다.

처음엔 무자본 상태에서 시작했고 빚을 지면서 연 1억 원을 벌 수 있다는 희망으로 계속 몇 년간 투사했다. 인삼은 다년 작물이라서 우리는 3년 인삼을 준비했고 3년 뒤부터 매년 씨를 땅에 뿌리고 4년 후 첫 소득을 얻었다.

첫 소득은 얼마 되지 않았지만 4년 동안 계속 밭을 얻고 인삼을 심으면서 2번째는 700평에 4,000만 원, 3번째는 1,000평에 6,000만 원, 점점 잘 되어 갔다. 시간이 자유롭고 연봉으로 계산할 때 직장인보다 좀 더 높은 정도였다. 희망을 안고 자식을 기르듯이 인삼밭에 붙어살며 정성을 다해 인삼을 키우고 관리했다.

그러다 구미에 몇십 년 만의 폭설이 (15~20센터 정도) 일주일 간격으로 두 번 내렸다. 우리는 전혀 대비하지 못했고 몇 개월간 추위에 망가진 밭을 보수하기 시작했다. 자재도 재구매해야 했기에 경제적 희망이 절망으로 변화되기 시작했다. 사람이 절박할수록 나쁜 일이 연이어 발생한다.

1억 원을 조금 더 쉽게 벌 수 있는 길이라고 여기는 시기가 함께 왔다. 로맨스 사기라는 단순하고 순진한 그 사기에 빠졌다.

예멘 주둔 미군 사령관이라고 사칭하면서 계속 전쟁하고 있고 이라크군과의 작전에서 승리한 물자를 계산하면 자기 앞으로 500만 불이 생긴다고 했다. 한국이 좋아서 전쟁이 끝난 후엔 한국에 와서 살 계획이라고 했다. 그러면서 돈을 믿을 만한 사람한테 맡기고 전쟁 후 한국에 들어와서 같이 살자고, 수수료도 얼마라도 준다고 했다. 계산해 보니 수수료가 1억 원 정도는 될 것 같다. 그래서 그저 맡아주고 수수료 1억 원 받으면 된다고 생각했던 것이 사기에 걸릴 줄이야.

신랑은 사기라고 했지만 나는 그냥 물건만 맡아주면 된다고 우겼다. 결국 사기당하고 나는 죽을 수밖에 없는 낭떠러지로 굴러갔다. 숨 쉬는 그것조차 힘들고 지쳤다.

날마다 우울하고 괴롭고 남편과 가족을 볼 면목도 없었다. 그렇다고 3명이나 되는 어린 딸들과 부모님을 놔두고 죽을 수는 없었다. 살아가야 하는데 살 방법이 없고 죽어야 하는데 죽을 수 없는 상황에서 날마다 좀비 같은 시간을 보냈다.

시간이 몇 개월 지나서 조금 숨을 쉴 수 있게 됐다. 숨을 쉴 수 있도록 한 것은 매일 죽을 듯이 했던 필사였다. 필사하면서 책을 쓰고 싶은 마음이 간절했고 내 이름으로 된 인생 첫 책을 출간했다.

사실 나는 책을 낼 형편도 아무것도 성공한 것이 없는 인생 실패자일 때 인생 첫 책을 써낸 것이다. 나에게는 희망이 되었고 앞으로 살아갈 수 있는 큰 힘이 되었다. 책을 쓰면서 내면에서 '나는 할 수 있다'라는 믿음과 나를 사랑하는 힘이 생겼으며 삶을 살아갈 용기가 생겼다. 나는 세상을 새로운 관점으로 보기 시작했다.

죽지 못해 살아갔던 나의 관점을 바꾸고 세상을 바라보니 그래도 살만한 세상이라 생각되었다. 이런 생각의 변화가 스스로 자존감이 세워지면서 쉽게 1억 원을 버는 허황된 꿈을 내려놓을 수 있었다. 쉽게 버는 돈은 희망이 아닌 허망한 욕심임을 깨닫고 이제 1억 원 벌기에 목숨을 걸지 않는다. 주어진 환경에 감사하고 만족하며 순리대로 하나씩 저질러놓은 것들을 정리해 가면서 차츰 나는 새로운 삶을 살아가기 시작했다.

욕심을 내려놓고 매일 숨을 쉬는 것에 감사하면서 책을 쓴다. 이루어진 꿈을 잘 키워나가고 아무리 어렵고 힘들더라도 당장 눈앞에 좋아 보이는 유혹과 욕심을 내려놓으면 다음이 있다는 것을 깨달았다.

현실이 나를 울리더라도 희망을 잃지 않고 살아가다 보면 나에게 빛이 비치고 나를 덮었던 어둠은 사라지면서 앞으로 내디딜 수 있는 용기가 생긴다.

no.19

음희화

❏ 소개

1. 국민안전원 대표
2. 국제인증교육원 원장
3. ISO 품질, 환경, 안전보건경영시스템 심사원
4. ESG 심사원
5. 국제 EFR INSTRUCTOR TRAINER
6. 대한심폐소생술 응급처치 강사
7. 대한적십자사 응급처치 강사
8. 파이낸스투데이 화성시 지국장

❏ 연락처

네이버 검색: 국민안전원 / 국제인증교육원

죽을 때까지 갚지 못할
마음의 빚

'이 지경까지 추락할 줄 누가 알았을까? 사랑하는 사람들을 이렇게 고통에 빠뜨릴 줄 알았다면, 그때 결코 시작하지 않았을 것이다.' 15년 전, 나는 누구나 부러워할 만한 삶을 살고 있었다. 외제차를 몰며 강남 도곡동의 고급 아파트에 거주하고, 전문직으로 연간 2억 원 이상의 수입을 벌었다. 부동산 투자로 전국에 내 이름을 남기며, 자수성가한 성공한 사람으로 인정받고 있었다. 그러나 내 잘못된 선택은 그 모든 풍요를 한순간에 무너뜨렸다. 지금 내 삶은 하루 12시간 넘게 일하며 겨우 생계를 이어가는 삶으로 바뀌었다. 이 이야기는 실패와 후회, 그리고 사랑하는 사람들에게 진 빚을 갚지 못한 채 살아가는 나의 고통스러운 삶에 대한 기록이다.

☑ **성공에서 추락까지**

2010년, 나는 사회활동에 활발히 참여하며 최고경영자 과정을 수강 중이었다. 그 과정에서 만난 이탈리아 유명 프랜차이즈의 한국 총판 회장이 내게 압구정 현대백화점에서 이탈리안 커피 브랜드 카페를 운영해 볼 것을 제안했다. 당시 내 일에 만족하며 새로운 사업에는 자신이 없던 나는 정중히 거절했지만, 혹시 관심 있는 사람이 있다면 소개해 주겠다고 답했다. 며칠 뒤, 지인과의 대화 중 무심코 이 제안을 언급하자 지인은 큰 관심을 보이며 "우리 집사람이 카페 운영을 정말 해보고 싶어 한다."라며 간곡히 부탁했다. 그의 열정에 이끌려 이 사업이 시작되었고, 본의 아니게 나도 동참하게 되었다. 하지만 해외 유명 브랜드를 국내에 론칭하는 일은 단순한 프랜차이즈 사업이 아니었다. 지속적인 투자 자금과 전문적인 시스템 구축이 필수였다. 가맹점 모집과 원두 판매, 인테리어 사업까지 확장되며 나는 사업에 깊이 얽히게 되었다. 내 재산을 쏟아부었고, 나아가 가족과 지인들의 자금까지 끌어들였다. 수십억 원이 투자되었지만, 시간이 지나며 한국 총판 대표의 사기와 계약 문제들이 드러났고, 결국 사업은 실패로 돌아섰다. 내 모든 부동산은 압류당하고 경매로 넘어갔다. 보증금을 지불 할 돈조차 없던 나는 더 이상 머무를 곳도 없었다. 하루아침에 성공의 상징이던 모든 것이 사라졌다.

☑ 가족들에게 남긴 상처

나의 잘못된 선택은 가장 가까운 사람들에게도 깊은 상처를 남겼다. 조카는 나를 믿고 고금리 대출을 받았지만, 사채업자들의 독촉에 시달리다 결국 직장까지 잃을 위기에 처했다. 친오빠는 평생 모은 돈을 내 권유로 투자했으나, 결국 대출 이자를 갚지 못해 집이 경매로 넘어갔다. 올케는 내게 연대보증을 서준 대가로 막대한 부채를 떠안아야 했다. 시간이 흘러도 마음의 빚은 가벼워지지 않았다. 조카의 슬픔 어린 얼굴, 오빠의 무너진 눈빛은 지금도 내 마음에 큰 짐으로 남아 있다.

☑ 현재의 삶과 더 큰 시련

나는 60세 불혹의 나이에 하루 12시간 이상 노동하며 겨우 생계를 이어가고 있다. 나이는 점점 나를 사회에서 뒤처지게 만들었고, 체력은 장시간 노동을 버티기 어려워졌다. 40대의 황금기를 사업 실패로 잃어버린 아픔은 여전히 나를 괴롭힌다. 얼마 전, 오빠에게 또 다른 시련이 찾아왔다. 117년 만의 폭설로 인해 오빠가 운영하던 표고버섯 농장의 비닐하우스가 모두 내려앉고, 애써 가꿨던 버섯들은 얼어 죽었다. 눈앞의 참담한 현실을 마주한 오빠는 마치 하늘이 무너져 내린 듯한 충격을 받았다. 농장을 철거하는 데만 한 달이 걸렸고, 막대한 비용은 오빠를 더 깊은 절망으로 몰아넣었다.

☑ 후회 속에서도 희망을 찾다

비록 무너진 삶을 되돌릴 수는 없지만, 나는 후회로만 시간을 보낼 수는 없었다. 죄책감과 아픔은 내 삶의 일부가 되었지만, 나는 여전히 가족들이 웃음을 되찾고, 내 마음의 빚이 조금이나마 가벼워지기를 바라는 간절한 희망을 품고 있다. 오빠의 농장이 다시 일어나고, 조카가 안정된 삶을 되찾으며, 나로 인해 상처받은 모든 이들이 치유되기를 바라는 마음으로 오늘도 두 손을 모은다. "오빠, 조카, 그리고 모든 사람들. 정말 미안합니다. 이 빚은 죽을 때까지 갚아도 부족합니다." 나는 기도한다. 내 기도가 하늘에 닿아 나의 후회와 고통을 조금이라도 덜어주기를. 가족들과 지인들에게 진심으로 용서를 구하며, 오늘도 다시 살아갈 용기를 낸다.

no.20

김미옥

❏ 소개

1. 사회복지법인 제주공생 희망나눔종합지원센터 센터장
2. 한국사회복지공제회 대의원
3. 2022년 5월 전안나 작가와의 만남
4. 2022년 5월 31일부터 '하루 한 권'책 읽기 결단
5. 2022년 8월 10일 네이버 블로그개설(예비작가 Kim)
6. 2024년 11월 50인 공저 '내 삶을 바꾼 책' 참여
7. 2024년 12월 50인 공저 '내 인생의 산전수전' 참여
8. 사회복지사 1급, 약물중독전문가 2급 노인지도자자격,가정폭력·성폭력전문가 등 다수의 자격소지

❏ 연락처

블로그: https://blog.naver.com/k960722-

돌아보니 은혜입니다

　사람들은 흔히 자신이 살아온 삶을 책으로 쓰면 몇 권은 될 것이라고 말한다. 비교적 안정적인 기독교 집안에서 모태신앙으로 성장하여 스물여덟 살이던 1995년 9월, 성실하고 신앙관이 일치했던 남편을 만나 결혼과 동시에 쌍둥이 아이를 갖게 되었다. 당시 직장을 다니던 나는 쌍둥이 임신과 임신중독증 초기 증상으로 인해 퇴사를 결정했다.

　1996년 7월 22일 아침, 8시 40분 2분 간격으로 쌍둥이 아들을 출산했다. 금융업에 종사하는 남편의 이른 출근과 늦은 귀가로 인해 누군가가 방문하지 않으면 현관 밖을 나가는 것은 불가능했다. 먹는 시간이 같았기에 배설하는 시간도 같았다. 하루 24시간 어떻게 흘러가는지 모를 지경이었다. 유일한 나의 시간은 주말 마트에서 시장 보는 1시간이 전부였다

　어느 주말 미용실에 갔는데 머리를 자르던 미용사가 내 오른쪽 귀 뒷머리에 500원짜리 동전 크기의 부분 탈모가 있음을 알려주었다. 쌍둥이 독박 육아로 상당한 스트레스가 되었던 모양이다. 아들이 32개월이 되던 날 아는 지인의 어린이집

개원으로 인해 계획보다 조금 빨리 독박 육아에서 벗어날 수 있었다. 아이들이 하원하는 5시까지 오로지 나만의 시간이 공식적으로 허락되었다. 아이들 책을 구입하며 알게 된 보름 엄마의 권유로 몬테소리 방문판매를 시작했다. 프리랜서 개념으로 내가 일한 만큼의 수당을 받았고 시간도 자유로웠다. 더군다나 또래의 엄마들을 만나 마음껏 수다를 떨고 운 좋게 책을 판매하면 두둑한 수당으로 아이들 책을 구입할 수 있어 꿩 먹고 알 먹고 재미난 일상이었다. 4~5개월 동안 제법 판매고를 올렸지만 엄마들을 만나면 마땅히 전할 정보가 바닥나고 뭔가 체계 있는 정보 습득의 필요성을 느껴 보육교사 교육원에 입학했고, 그 이듬해인 2001년 사회복지학과 대학에 늦깎이 학생이 되었다.

2003년 2월 제주공생 입사로 내 인생의 터닝포인트가 된 인생 2막이 시작되었다. 이즈음 평온할 것만 같았던 내 결혼생활은 친정의 부도와 금융업계에서 승승장구하며 최고 실무자까지 승진한 남편의 2004년 5월 조기 퇴사로 힘들어졌다. 남편은 금방 구직이 될 것이라고 믿었지만 구직이 되지 않고 실업자가 되어 나는 생각지도 않은 가장이 되었다.

계속되는 남편의 구직 실패로 궁리 끝에 사회복지 대학원 과정을 조심스레 제안했다. 하지만 대학에서 경영학을 전공한 남편의 사회복지 대학원 입학은 어려웠다. 그러다 쇠뿔도 당긴 김에 뽑는다고 야간대학 사회복지학과에 입학하여 2년 과정을 마쳤다. 이제는 고생 끝이라고 생각했건만 남편은 서울에 있는 대학원 입학을 희망했다. 나는 절대적으로 반대하며 팽팽한 신경전이 펼쳐졌다. 아이들은 희생양이 되어 또래들처럼 학원은 갈 수가 없었고 나는 아이들 학습과 직장 생활 병행으로 몸과 마음이 지쳐갔다. 중간관리자로 승진하며 아이들을 돌보는 데 한계가 있었다. 그런 와중에 아이들은 중학생이 되었고 남편은 원하던 대학원 졸업과 정신건강사회복지사 과정을 이수했다. 새내기 사회복지사였던 나는 중간관리자인 사무국장으로 승진했고 아이들은 고등학교에 입학해서 모범적으로 졸업했다. 드디어 남편은 2014년 실직 10년 만에 알코올 전문병원에 정신건강 사회복지사로 취업했고 지금은 지역사회 정신건강복지센터 팀장으로 정신장애인들을 위해 일조하고 있다. 돌아보건대 살아온 모든 것이 기적과도 같았다.

  두 아들은 엄마의 노고를 인정하며 가장 존경하는 인물을 엄마라고 말해 주었고 힘들고 지칠 때 '김대장'이라고 부르며 응원해 주었다. 남편도 선뜻 말하지 못하지만 후문에 의하면 늘 고맙다는 말을 했다고 한다. 두 아들은 대학을 졸업하고 큰아들은 목공 전문가로, 작은 아들은 농협에서 금융인으로 선한 영향력을 끼치고 있으니 감사하다.

  나 또한 24년 7월 1일 센터장으로 발령이 났다. 인고의 시간 무릎 꿇어 기도하던 시간이 주마등처럼 스친다. 비 온 뒤 땅이 굳어지듯이 결혼생활 30년 여정 동안 견디고 이기어 내었으니 감사할 뿐이다. 이 모든 것이 나의 절대자 하나님의 은혜였음을 고백한다. 8년 후 정년을 맞이한 인생 3막을 기대한다. 노숙인 전문가, 작가, 독서지도사로 활발하게 활동하고 있는 나를 생각하니 웃음이 절로 난다.

3장

산 전 수 전

무릎을 닦으며, 나를 다시 빚다

21. 권경진
구름을 닦으며, 나를 다시 빚다

22. 김선화
목소리가 나오지 않아요

23. 서덕만
구름 같은 人生

24. 김민주
이혼의 위기가 기회가 되었다

25. 황경남
사람 살려주세요

26. 김성환
신앙으로 이겨낸 목회의 어려움

27. 한기수
돈보다 소중한 보물, 아이들

28. 김지영
버팀의 미학

29. 김상진
인생 3막 튜닝중

30. 이상초
햄버거가 인생을 바꾸다

no.21

권경진

❏ 소개
1. 책과 사람을 잇는 강사, 봄날 교육연구소 대표입니다.
2. 유한대학교에서 학생들과 매일 배움을 나누고 있습니다.
3. 대한항공 객실승무원으로 소통의 가치를 배웠습니다.
4. 미국에서 두 번의 사업을 통해 도전을 경험했습니다.
5. 방송 리포터와 MC로 이야기의 힘을 알게 되었습니다.
6. 현재 강의와 코칭으로 사람들과 함께 성장하고 있습니다.

❏ 연락처
1. 블로그: monciel123
2. 인스타그램: @springday_n1
3. 네이버 검색: 권경진

무릎을 닦으며, 나를 다시 빛다

　나는 부모님의 울타리 안에서 자랐다. 그 울타리는 따뜻했지만, 숨 막히는 공간이었다. 내게는 선택이 없었다. 부모님의 기준에 맞춰 살아가야 했고, 내가 어떤 사람인지, 무엇을 좋아하는지는 늘 뒤로 밀렸다. "이렇게 해야 한다"라는 말속에 갇혀 살았다. 나는 그렇게 살아가는 법만 배웠다. 부족함은 없었지만, 나는 늘 목이 말랐다.

　그래서 서울로 떠났다. 더 넓은 세상, 더 자유로운 삶을 꿈꾸며. 대한항공에 입사한 것도 단지 그 자유를 누리고 싶었기 때문이었다. 하지만 독립은 생각처럼 달콤하지 않았다. 혼자라는 것은 모든 것을 스스로 책임져야 한다는 뜻이었다. 밥 한 끼를 해결하는 것도, 회사 생활에서 실수하지 않는 것도, 비행 준비나 자기 관리를 해내는 것도 매일 벅찼다.

　결국 허리 디스크로 쓰러졌고, 회사는 더 이상 내 자리가 아니었다. 다시 집으로 돌아왔다. 하지만 부모님의 기대와 사랑은 나를 또다시 작아지게 했다. 자유를 맛본 나는 다시 그 틀 속으로 들어갈 수 없었다. 결국 나는 더 이상 견디지 못해

미국으로 떠났다. 완전히 새로운 시작을 꿈꾸며 떠난 그곳에서 나는 다시 무너졌다. 두 번의 사업 실패는 나를 벼랑 끝으로 몰았고, 소중한 관계의 끝은 내 마음을 찢어놓았다.

한국에 대한 향수가 찾아올 때마다 돌아가고 싶었지만, 아버지의 "조금 더 기다려 보자"라는 말이 발목을 붙잡았다. 나는 그 말에 아무것도 할 수 없는 무기력한 사람이 되어갔다. 결국, 모든 것을 잃고 나서야, 나는 한국으로 돌아왔다. 평범하고 따뜻한 가정을 이루고 싶었다. 미국에서의 외로움은 나를 더욱 그리로 이끌었다. 결혼도 하고, 아이도 낳았다. 내가 꿈꾸던 삶이었다. 하지만 내 안은 여전히 공허했다. 꿈꾸던 것을 이루었는데도, 가슴속에는 메울 수 없는 허기가 있었다.

매일 나 자신에게 물었다. '이게 다일까? 나는 나다운 삶을 한 번도 살아보지 못한 채, 이렇게 끝나버리는 걸까?' 답을 찾을 수 없었다. 그 답을 찾지 못할 때마다 나는 무릎을 꿇고 바닥을 닦았다. 온몸에 땀이 흐르도록 바닥을 문지르며, 자신을 스스로 벌했다. '너 왜 그래? 네가 원하는 삶을 살고 있잖아. 그런데 왜 또 다른 걸 꿈꾸는 거야?' 그렇게 다그치면서도, 마음속에서는 알 수 없는 억울함과 갈망이 나를 휘감았다. 그 갈망은 멈추지 않았다. 그러던 어느 날, 우연히 들어간 스피치 학원에서 뜻밖의 기회를 만났다.

객실 승무원으로 일했던 나를 기억한 학원이 고등학교 진로 멘토 강의를 맡아달라고 요청했다. PPT도 만들어본 적 없는 내가 3일 밤낮을 새우며 준비했다. 그리고 마침내 2시간의 강의를 마쳤을 때, 차에 앉아 펑펑 울었다. 그 눈물은 긴장이 풀려서 흘린 것이 아니었다. 학생들이 내게 보여준 반짝이는 눈빛이 나를 바꾸고 있었다. '너는 쓸모 있는 사람이야.' 그들의 눈빛이 내게 속삭이고 있었다.

그 순간, 나는 처음으로 나 자신을 용서했다. 내가 살아 있는 이유가 있다는 것을 깨달았다. 그리고 그 깨달음은 내 삶의 방향을 완전히 바꿔놓았다. 그때부터 나는 더 많은 것을 배우기 위해 지방에서 서울까지 매주 달렸다. 묵직한 배낭을 메고 전국을 누비며 하루 7시간씩 강의를 했다. 몸은 녹초가 되었지만, 마음은 날아갈 듯 가벼웠다. 나는 평범한 2막 대신, 나 자신을 다시 빚어가는 길을 선택했다.

보통 사람들은 인생 2막을 휴식과 여유로 채우지만, 나는 더 열정적으로, 더 뜨겁게 살아갔다. 그리고 지금, 나는 강의와 코칭을 통해 나와 같은 실패와 아픔을 겪는 사람들에게 손을 내밀고 있다. 실패는 나를 무너뜨리는 것이 아니라, 나를 다시 빚는 시간이었음을 알기에, 나는 실패가 감사하다. 실패는 끝이 아니라, 또 다른 시작이다.

문이 열릴 때마다 나는 설렌다. '이번엔 어떤 새로운 풍경이 펼쳐질까?' 이 글을 읽는 당신이 실패 앞에서 좌절하지 않기를 바란다. 내가 걸어온 길이 당신에게 작은 희망이 된다면, 나의 모든 노력은 보람으로 남을 것이다. 나는 실패의 흔적 위에 다시 세운 나의 이야기가, 당신에게 새벽을 알리는 작은 불꽃이 되기를 소망한다. 언젠가 강의실에서 그 불꽃이 타오르는 순간을 함께할 수 있기를 기대한다.

no.22

김선화

❏ 소개
1. 영산대학교 겸임교수
2. 청소년지도사
3. 출판지도사
4. 아동권리교육강사
5. 연우심리연구소 U&I 학습. 진로상담전문가
6. 초등학교 문해교원
7. 청소년자원봉사소양교육강사

❏ 연락처
블로그: https://blog.naver.com/sunhwagiyo

목소리가 나오지 않아요

 깜깜하다. 불을 켤 힘도 없다. 기운이 빠져나간 내 몸과 방바닥은 밀착하여 꼼짝할 수가 없다. 순간 잠이 들었을까? 의식을 잃었던 걸까? 지금 돌이켜 봐도 알 수가 없다.
 의식이 나에게 정신 차리라고 신호를 보낸다. 난 어둠의 동굴에서 소리와 빛을 쫓았다. 내 육체는 아무 느낌이 없었다. 호흡이 가쁘다 '이러다 죽는 걸까?' 혼탁한 의식에서도 질문을 던졌다가 잠이 들고 깨어나기를 반복했다.
 내 무의식은 '살아야 한다'라고 아우성을 치고 있다. '여기 아픈 사람 있어요.' 목소리가 나오지 않는다. 힘을 내어 119에 "여~보~세~요" 개미 소리로 위치를 알려주고 호흡하는 느낌도 없이 그렇게 시간이 얼마나 지났을까? 희미한 의식에서 정신을 차려보니, 산소통이 옆에 있고 입에는 산소마스크가 씌워져 있다. 기운이 없고, 살아야겠다는 의지도 삶에 대한 미련도 없다. 가쁜 숨을 몰아쉬면서 촛불이 가물거리듯 내 생명의 끈도 끊어질 듯하다. 고요한 병실에서는 그저 가쁜 숨을 몰아쉬는 숨소리만 들렸다. 난 산소통에서 나오는 산소에 내 생명을 맡기고 있었다. 하루 이틀 시간이 얼마나 지났을까? 누군가의 시선과 인기척이 느껴졌다. 슬픈 눈으로 나를 쳐다보는 두 아이의 시선이.

닐스의 까만 눈동자를 가진 우리 아들은 눈물을 참고 엄마가 왜 저렇게 누워있는지 겁먹은 표정으로 나와 시선이 마주치자 울먹임을 억누르고 있었다. 4살이 된 딸은 엄마 눈치를 보면서 반가운 마음과 걱정되는 눈빛으로 조심스럽게 '엄마' 하면서 배 위로 올라오려고 하고 있다. 동생의 모습을 보고 있던 22개월 터울의 오빠가 엄마 배에 올라가지 말라고 동생을 힘없이 당기고 있는 것이 보였다.

정신이 희미한 가운데서 아이들을 보는 순간, '헉'하고 심장에서 소리가 났다. 내 머리에서는 갑자기 생각이라는 것을 하기 시작했다. 정지되었던 뇌가 갑자기 말한다. '내가 죽으면 이 아이들은 어떻게 하지? 엄마가 없이 자라는 나의 아이들, 얼마나 천덕꾸러기로 자랄까?'라는 생각이 나의 심장을 마구마구 때렸다. '아니 이게 뭐야?' 살고 싶다는 끈을 놓으려는 생각은 사라지고, 아이들을 보는 순간 내 심장은 자생적인 CPR을 하는 것이 아닌가. 산소가 공급될수록 아이들이 모습이 눈에 들어왔다. 씻지도 않은 건지 꾀죄죄한 모습으로 입을 꾹 다물고 걱정스러운 얼굴로 나를 보는 것을 본 순간, 갑자기 '살아야겠다, 이겨내야지'라는 생각이 들었다. 내 눈에서 뜨거운 눈물이 가슴을 짓누르면서 컥컥 내리고 있다.

이때 내가 생명의 끈을 놓았다면 지금의 삶은 경험하지도 못했을 것이다. 그 이후에도 몸이 아파서 아이들을 돌보는데 부족함이 많았다. 시간의 흐름과 아이의 성장은 막을 수 없는 자연의 이치다. 아이들은 초등학교에 입학했고, 엄마의 손길이 필요할 때 난 엄마라는 역할을 잘하지 못했다.

하지만, 두 아이는 성장해서 지금은 자신의 세상을 만들어 가고 있다. 생사의 기로는 내 삶의 큰 변화를 불러왔다. 그때 고비를 넘기지 못했다면 어땠을지, 지금 생각하니 살짝 소름이 돋는다. 태어나는 건 순서가 있어도 가는 건 순서가 없다는 말을 가끔 사용한다. 이 말에서 난 하루하루를 즐겁게 보내고 있고, 처음 접하는 일들에 용기 내어 도전하고 실패와 좌절을 반복하면서 목표를 향해 나아간다.

상황에 따라 분노 조절이 되지 않아 소리도 지르고, 주인공이 되어서 재미없는 이야기를 재미있게 꾸미기도 한다. 때로는 내 이야기를 무시하는 사람을 만나서 상처도 받고, 강한 바람에 내 몸이 흔들리기도 한다. 나의 소리 없는 외침이 소음 속에 묻혀 들리지 않아도 현재 내가 무엇을 할 수 있다는 것 자체가 너무 좋다.

아침에 일어나 천장을 바라보고, 물 한 잔에 갈증을 해소하고, 콕콕 보이지 않는 형체로 내 발자국을 남기는 지금이 너무 행복하다. 좀 더 살게 해 주셔서, 호흡할 수 있어서, 사랑하는 가족들을 떠올릴 수 있어 감사하다. 사람들의 지저귀는 합창 소리를 들을 수 있어서, 나의 이야기를 전달할 수 있어서, 홀로 있는 당신의 시선에 눈을 맞출 수 있어서 감사하다.

나의 아들과 딸아.

"잘 성장해 줘서 미안하고, 감사하고, 고맙다. 사랑해!"

no.23

서덕만

□ 소개
- 고등학교 영어 교사로 근무
- 초등학교 독서지도사로 근무

♣ 은퇴 후 낭만 시니어로 글쓰기, 둘레길 걷기, 맨발 걷기에 흠뻑 빠지다. 새로운 분야인 어반스케치, 포토에세이, 낭독 샤워, 시니어 오디오 드라마에 도전하는 멋있고 풍요로운 삶을 향유하는 노신사이다

□ 연락처
이메일: eddy423@hanmail.net

구름 같은 人生

　우리네 삶은 참으로 다채롭게 펼쳐진다. 마치 구름 모양처럼, 구름 색깔처럼. 계절 따라 바람 따라 흘러가는 저 구름은 어쩌면 나의 삶을 대변하고 있는지도 모르겠다. 봄날의 영롱한 햇살 아래 두둥실 떠가는 뭉게구름, 가을 하늘 드높이 채색된 새털구름을 응시하면 티 없이 맑고 순수해서 어린 시절이 떠오른다.

　고향에 내려가면 석양에 저녁놀이 참 아름답다. 나의 고향은 남녘 하늘 아래 농촌이라서 산과 들, 철새가 어우러져 한적하고 평화롭다. 언젠가부터 구름 따라 정처 없이 떠도는 김삿갓이 좋아졌다. 그의 시를 읽고 그처럼 어디론가 떠나는 게 나의 로망이다. 인생을 살다 보면 태풍이 몰고 오는 거대한 먹구름이 한순간에 물바다를 만들어 버린 것처럼, 암울한 나날이 펼쳐지기도 한다.

　계절의 수레바퀴는 쉼 없이 굴러 직장 생활을 접고 화백의 길을 스스로 선택했다. 그 당시 나는 사회적으로나 심리적으로 선택의 기로에 서서 한동안 고민했다. 정년을 채우고 사회로 나갈까 아니면 명퇴금을 받아 해외로 나가 무지갯빛 같은 휴가를 즐기면서 인생 2모작을 설계할까?.

  은퇴 전 인생 2모작 준비를 제대로 안 한 탓으로 자유로운 시간이 너무 많이 주어지다 보니, 그날이 그날처럼 반복되고 한동안 무료한 시간을 보냈다.

  어느 날, 우리 집 근처 평생학습관을 찾아가서 평생교육 프로그램을 살펴보았다. 글쓰기 강사 선생님의 유익하고 간결한 팁은 도움이 되었으나 막상 쓰는 게 어려웠다. 더구나 다른 학습자들의 글과 비교가 되니 주눅이 들었다. 독서량이 워낙 미미했고 평소에 글을 써보질 않아서 중간에 포기하고 싶다는 생각은 나날이 커졌다. 그래도 7주 동안 잘 버텼다.

  우연히 지인의 자서전을 접하고 몇 해 전부터 '나도 한 번 도전해 볼까?' 하는 생각이 스쳤다. 자서전 발간을 판매용이 아닌 개인 소장용으로 만들기로 했다. 그래서 가족, 절친, 살아오면서 고마웠던 사람 몇 분에게만 주고 싶었다. 7월에 출간을 목표로 서둘렀지만, 책 만드는 게 처음이라 수많은 시행착오를 겪어야 했다.

  지난 9월에 인천광역시 중앙도서관에서 주관하는 그림책 에세이 수업을 듣다가 강사 선생님으로부터 서울에서 소량으로 책을 출간해 주는 출판사를 소개받았다. 출판사 담당 과장과 한차례의 통화와 메시지를 주고받는 과정에서 의사소통이 제대로 이루어지지 않아서 오해가 생기고 출판을 접는 일이 벌어졌다. 황당하고 야속했다. 며칠 동안 기분이 먹구름 속에서 머물렀다. 난생처음으로 책을 만들어 보겠다고 이리저리로 뛰어다녔는데…

지인의 도움으로 인천의 한 출판사를 찾아갔다. 편집과 인쇄에 관한 이야기를 나누는데 편집비가 생각보다 많이 든다는 것을 알게 되었다. 보통 서점에서 소설이나 에세이집을 살 경우 18,000원에서 25,000원이면 충분했는데도 말이다.

가뭄이 계속되다가 먹구름이 나타나면 반갑고, 비까지 쏟아지면 '구사일생(九死一生)' 지진의 참화 속에서 살아남은 그 기분이라면 과장된 표현일까. 지난달 작은 아들이 닉네임 100권작가이자 나연구소 대표(1인 출판사 대표)를 소개해 주었다. 그의 도움을 받아 순조롭게 잘 진행하고 있다. 그의 견적서 하단 마지막 멘트가 잔잔한 감동을 준다.

♣ 귀하게 살아오신 인생, 책으로 잘 만들어 드리겠습니다.
♣ 세상에 멋진 유산을 남겨 주셔서 감사합니다.
◆ 내 삶을 책으로 / 이미 당신의 삶이 책입니다.

자서전은 그 사람의 전 생애가 담겨야 소중하고 가치가 있겠지만 늦게라도 기억을 되살리고 중간 삶을 결산하는 것도 의미가 있는 작업이라고 생각한다. 나 자신의 삶을 회고하면 참으로 파란만장하다. 어려서부터 부모님 곁을 떠나 학업을 이어가고 직장 따라 나그네처럼 전국을 누비며 살아냈다.

저 하늘의 구름처럼 정처 없이 떠돌며. 남은 삶이 얼마나 될지는 모르지만, 인생 3모작을 준비하고 열정을 갖고 잘 마무리하고 싶다. 나는 아직도 청춘이다.

no.24
김민주

❏ 소개
1. 진여워터테라피 대표
2. 대한민국우수숙련기술자 선정(고용노동부)
3. 대한민국산업현장교수(고용노동부)
4. 물침을 이용한~ 미용방법 등 특허 8건
5. 경락마사지.워터테라피, 물침요법 유튜브 250건 송출
6. 국제미용기능경기대회 등 심사위원 다수 역임
7. 온라인 오프라인 500회 이상 강의 코칭
8. 얼굴피부호흡, 뇌호흡, 워터테라피 등 15권 출판
9. 작은 얼굴경락마사지 MBC, KBS ,SBS 등 65회 방송출연
10. 1991년 '김여진핸드경락 성형미용센터' 창업

❏ 연락처
1. 블로그: https://blog.naver.com/yjhand5812
2. 네이버 검색: 진여워터테라피, 진여수비봄바
3. 네이버 플레이스 진여워터테라피 서비스 매뉴 소개

이혼의 위기가 기회가 되었다

　내 삶의 '산전수전'이라는 단어를 화두로 지난 시간들의 테이프를 되감아 보니, 벌써 강산이 4번이나 바뀌고 있다. 세상에 자식을 둔 어머니가 이혼이라는 단어를 떠올리고 싶은 사람은 없지만, 이게 나의 현실이 되었고 자식과 떨어져 살아야 하는 심정은 말과 글로 다 표현할 수가 없다.

　이혼 후 이혼에 대한 이야기는 이 책에서 처음으로 풀어본다. '부부'라는 단어를 한글 오행으로 보면 '물'과 '물'이 서로 부딪히는 단어이다. 물은 아무리 더러운 물이라도 흐르면서 물 분자끼리 서로 부딪히고 새로운 물로 정화가 된다. 그런데 부부는 부딪힐수록 서로에게 상처를 남긴다.

　한글 오행에서 ㅁ ㅂ ㅍ의 단어는 물 수(水)의 속성을 가지고 있다. 물의 속성은 스며들고 침투하여 단단하게 굳은 것은 부드럽게 만들고, 더러운 것은 깨끗하게 만든다. 개울가에 흐르는 물이 서로 부딪히면서 튀는 물은 개울 옆 식물과 꽃들을 키우는 산소와 음이온이 된다. 하지만 부부가 서로 부딪히면서 튀는 부정적 소리들은 자식에게 상처를 남긴다.

사람에게 부부라는 얽힘도 물 분자들과 비슷하다. 남녀가 처음 만났을 때 부딪힘은 미래지향적이고 희망과 기대가 어우러지면서 자식도 낳고 재물도 늘어나면서 화목해질 수 있다. 나는 부부라는 단어로 남편을 처음 만났을 때의 부딪힘은 남편보다는 시어머니가 나를 보듬고 감싸주셔서 시어머니에 대한 연민과 사랑의 무게가 더 컸었다.

나의 하늘이 되어주고 힘이 되어 주셨던 시어머니가 어느 날 갑자기 돌아가셨다는 비보를 받고 하늘이 노랗게 보였다. 이후부터 남편의 이상한 술버릇은 점점 더 심해졌고 집을 비우는 날이 많아졌다. 나는 그런 남편을 보며 자식을 두고 집을 나간다는 그 자체가 하늘로부터 용서받지 못할 무거운 죄라 생각했었다. 친정에서 다섯째 딸로 태어난 나는 엄마로부터 "여자는 시집가면 일부종사를 해야 한다"라는 소리를 듣고 자란 기억 때문일 것이다.

그러나 남편이 술에 취해서 하는 행동은 생명의 위협을 느낄 정도로 심했다. 그러던 어느 날 꿈에 시어머니가 나타나셔서 긴 장대를 들고 나의 아들을 다독다독거리면서 "이 아이는 내가 잘 돌볼 테니 어서 이 집을 나가라. 빨리 나가지 않으면 너의 생명이 위태롭다"라고 하시면서 하늘로 다시 올라가셨다. 이후부터 나는 집을 나올 준비를 시작했다.

미용사 자격증도 따고, 샵을 하나 운영할 수 있을 정도로 준비를 했다. 그리고 이혼한 뒤 집을 나왔고, 위기를 기회로 만들었다.

아이들의 학교 문제와 경제적 지원은 내가 도와주었지만, 초등학교 6학년과 5학년의 어린 아들딸은 아빠 없이 성장하느라 겪은 마음고생은 말로 글로 다 표현할 수가 없을 것이다. 세월이 지나 내 아이들이 어른이 되었을 때 나는 아이들에게 부끄럽지 않은 엄마가 되려고 노력한 결과 지금은 딸이 엄마에게 보내는 편지마다 '엄마를 존경한다'는 글을 쓴다. 나 또한 '나는 내 딸을 존경한다'라는 말을 자주 한다.

홀로 자라면서 동생에게 엄마 노릇도 해주고, 교회에서는 어린아이들을 돌보면서 착하게 성장한 딸은 좋은 남자를 만나 결혼했다. 올해는 손자 손녀가 수능을 봤고, 내 딸은 미루고 있던 박사논문 마무리에 혼신의 에너지를 쏟고 있다.

세상 물성 모르던 나는 혼자가 된 후부터 경락과 침술 공부를 통해 '핸드경락 성형 마사지'라는 새로운 기술을 만들어 유명해졌었다. 그러나 여기에 만족하지 않고 물을 이용하여 피부 아픔을 풀어주는 물침요법의 새로운 기술을 개발했다.

이제는 건강한 아름다움을 만들 수 있는 방법으로 후진 양성에 열정을 쏟고 있다. 돌아보니 이혼 후 강남의 중심 압구정동에서 34년 동안 참 많은 일을 했다. 어떤 위기가 와도 새로운 기회를 만들 수 있는 것은 나의 몫이다. 내가 해놓고 감동하고 내가 해놓고 기뻐하는 삶이 되길 바란다.

no.25

황경남

❑ 소개

1. 꿈 이루는 책방 글숲 대표
2. 한국자서전협회 강화지부장
3. 전자책 공동저서. 자서전 출판
4. 그림책, 동화작가 심리지도사
5. 전자책, 종이책 포함 8권 출판
6. 닉네임: 꿈 이룬작가

❑ 연락처

1. 블로그 : https://blog.naver.com/MyBlog.naver
2. 유튜브 검색: 좋은글 좋은소리

사람 살려주세요

"집에 가자" "네? 여기가 우리 집이에요" "아니야 여긴 우리 집이 야녀" 간경화로 인해 치매 증상을 보이는 시아버지의 말이다. 90살에 돌아가신 할머니를 닮아 팔십 평생 병치레 한 번 없이 건강하게 사셨다. 84세 무렵 간경화 초기여서 입원 치료를 권했지만, 동네 소문나면 안 된다는 어처구니없는 고집을 부리셔서 치료시기를 놓쳤다. 옛 어른들은 체면을 중요시하는 걸 알기에 우리로선 어쩔 도리가 없었다. 1년의 세월이 흐른 뒤에야 말도 안 되는 고집을 부리신 이유를 알았다. 30여 명의 회원으로 구성된 원예회 회장님이신, 아버님이 하신 약속은 이랬다.

시작은 돼지 한 마리였고, 후에 회원 한 사람당 4천만 원씩 주겠다고 하셨단다. 그 약속을 지키고 나서야 병원에 입원했지만 치료시기를 놓치고 말았다. 자신과의 약속이기도 했기에 마음이 편하신 듯했지만 병이 깊어져 고통받고 계셨다. 점점 기억나지 않는 것들이 늘어갔다. 운전하다가 갑자기 작동 방법을 잊어버려 아찔한 순간도 있었다. 자신의 병을 어느 정도 알고 있었기에 우리에게 짐이 되지 않으려 요양원도 알아보자고 하셨다. '사람이 늙으면 어린아이가 된다'라는 말을 들은 적이 있다. 노망든다는 그 말이 현실로 다가오고 있었다. 뇌가 작아졌다는 의사의 소견도 있었기에 마음이 더 아팠다. 다른 사람도 아닌 부모님의 죽어가는 모습을 바라봐야 한다는 현실이 너무 가혹했다. 최근 기억부터 사라져서 가깝게는 어쩌다 오는 아들과 딸을 기억하지 못했다. 다행히 매일 보는 우리는 기억하고 있었지만 언제 잊어버릴지 알 수 없다.

서른아홉. 친정엄마가 돌아가시고, 7년 후 아버지도 가셨다. 이 글을 쓰고 있자니 눈물이 앞을 가린다. 살기 위해선 여자이기를 포기했고, 오직 5남매의 어미로서만 살다 가셨다. 엄마의 옷 주머니에는 늘 약봉지가 들어있었다. '산전수전'하면 우리들의 부모님이 떠오른다. 일제강점기와 6.25 보릿고개를 겪지 않으신 분들이 없다.

사람이 살면서 겪는 고통 중에 가장 큰 것이 배고픈 고통과 아픈 고통이다. 특히 자식이 아프면 그 고통 또한 비할 데가 없다. 고생만 하다 돌아가신 부모님과 나의 어린 시절 전신마비로 오랜 시간 병마와 싸워야 했고, 결혼 후엔 둘째의 죽음과의 사투를 지켜봐야 했다. 의술로는 더 이상 할 수 없는 상태로 의사도 두 손 두 발을 다 들었다는 말에도 포기치 않고 하나님께 간구하여 기적을 경험했으며, 지금 우리 곁에서 잘 지내고 있다. 아픔과 슬픔 말할 수 없는 고통과 기쁨도 맛보았다. 한때는 세상 모든 고통이 내게만 있는 것처럼 느껴졌었다. 그러나 하나님을 알고부터 세상을 바라보는 눈이 달라졌다. 사람은 마음으로, 생각으로 살아간다는 진리를 깨닫고 보니 좋은 생각과 나쁜 생각이 우리의 삶에 얼마나 큰 영향을 끼치는지 보이기 시작했다. 어떤 이는 극한 상황에서도 꿋꿋하게 자신을 돌보며 멋지게 사는 이도 있었고, 어떤 이는 '어떡하지? 아냐 난 안될 거야?' 하며 스스로 절망하며 고통 속에 살고 있는 이도 만나보았다.

살면서 우리는 언제나 갈림길에서 하나를 선택해야만 한다. 선택의 책임도 본인이 져야 하는 것이 마땅하건만 그렇지 못한 경우가 종종 있다. 부모가 아플 때 우리는 어쩔 수 없이 자신을 희생한다. 17년이 지난 어느 날 우리 부부는 쉴 방도 없이 거실에서 두 시부모님의 병간호를 시작했다. 안방은 심장병을 앓고 있는 시어머니가 누워계시고, 작은방엔 간경화 말기의 시아버지가 누워 계셨다. 얼마 남지 않았다는 사실을 아시고 집에서 마지막을 보내시겠다고 하셨다. 이 글을 보는 이가 있다면 가능하면 병원에 보시라고 권하고 싶다.

추억을 쌓는 시간이라면 좋겠지만, 죽어가는 모습을 보는 건 너무도 고통스럽기 때문이다. 특히나 치매로 자기가 살던 집도 잊어버리고 밖으로 찾아 헤매다 넘어져서 "사람 살려요. 사람 살려 주세요"라고 울부짖는 모습은 지금도 눈에 선하다. 두 분 모두 돌아가신 후 우리는 지켜야 할 많은 것 중에 건강을 최고 우선시하여 챙기고 있다. 아픈 이도 고통이지만 지켜보는 가족 역시 고통을 겪기 때문이다. '웃을 일이 없어도 웃다 보면 진짜로 웃을 일이 생겨난다.'라고 한다. 아무리 힘들어도 웃음으로 이겨내어 진짜 웃는 일만 생겨나기를 바란다.

no.26

김성환

❑ 소개

1. 엘림비젼교회 담임목사
2. 엘림비젼 출판사 대표
3. 종이책 저서, 안경원 경영솔루션 출판
4. 전자책. 한눈에 보는 신구약 성경 출판
5. 강동기독 실업인회 회장
6. 일공공일 안경콘택트 CEO
7. 서울 자랑스런 시민상 수상

❑ 연락처

이메일: vip3426@naver.com

신앙으로 이겨낸 목회의 어려움

나는 엘림비젼교회 담임목사다. 현재 교회에서 목회 활동을 하고 있으며 엘림비전 방송으로 온라인과 오프라인을 통해 다양한 사역을 전개하고 있다. 교회를 통해 많은 사람에게 하나님의 말씀을 전하고 있다. 특히, 엘림비전방송은 매일매일 신앙을 나누고, 복음을 전하는 중요한 온라인 플랫폼으로 활용되고 있다.

엘림비젼방송은 구독자가 2만 명을 넘을 만큼 많은 사람에게 영향을 끼치고 있으며, 영향력은 온라인을 통해 더욱 넓게 퍼져가고 있다. 나는 성도들과 함께 온라인 예배를 드리고, 주일 설교를 비롯한 다양한 복음적인 콘텐츠를 제공한다.

교회와 방송을 통해 신앙뿐만 아니라 사회적, 문화적 이슈에 대한 성경적 접근을 제시하며, 구독자들에게 실질적으로 도움이 되는 내용을 제공한다. 전자책 『한눈에 보는 신구약성경』, 종이책 『안경원 경영솔루션』 책을 출판해서 신앙의 메시지를 전달하고 많은 사람에게 신앙적 영감을 주고 비즈니스인에게는 경영 마인드를 제공하고 있다. 이처럼 온라인과 오프라인을 아우르는 목회 활동을 통해 사람들에게 신앙을 전하고 있으며, 그들의 이야기를 세상에 전달하고 있다. 나의 사역은 신앙과 비즈니스를 결합한 형태로, 많은 사람에게 실질적이고 깊이 있는 영적 성장을 돕는 것을 비전과 목표로 삼고 있다.

나는 어린 시절 가난한 가정에서 태어나 많은 어려움을 겪으며 성장했다. 부모님은 힘든 환경 속에서도 나에게 신앙의 중요성을 가르치셨고, 그 가르침은 내 삶에 깊은 영향을 미쳤다. 가정 형편이 어려워 학업에 집중하기 힘든 상황에서도 나는 포기하지 않고 열심히 공부했다. 내가 겪었던 경제적인 어려움과 생활의 고난은 나를 더욱 강하게 만들었고, 이는 후에 신앙과 삶에 큰 힘이 되었다. 성경 속에 이런 말씀이 있다.

"나는 그리스도와 함께 십자가에 못 박혔나니, 그런즉 이제는 내가 사는 것이 아니요 오직 내 안에 그리스도께서 사시는 것이라. 이제 내가 육체 가운데 사는 것은 나를 사랑하사 나를 위하여 자기 자신을 버리신 하나님의 아들의 믿음 안에서 사는 것이라." (갈라디아서 2:20)

이 구절은 바울이 자신을 그리스도와 함께 십자가에 못 박혔다고 고백하며, 이제 그의 삶은 더 이상 자기 자신의 것이 아니라 그리스도께서 살아가시는 삶임을 고백하는 말씀이다.

하나님과 깊은 교제 속에서, 그는 자신이 삶의 방향을 하나님께 맡기고, 신앙의 길을 걸어가기로 결단했다. 이 구절을 통해 나는 사업을 시작하며 새로운 도전을 맞이하기로 결심했다. 안경원 체인 사업을 통해 성공적인 사업가로서의 길을 걸었다. CEO가 되어 사업을 할 때에도 신앙은 계속해서 내 삶의 중심에 있었고 하나님을 향한 믿음은 사업을 이끌어가는 데 중요한 원동력이 되었다. 나는 하나님께서 내게 주신 직업을 통해 많은 사람에게 도움을 주고, 신앙을 나누는 기회를 제공하겠다고 결심했고, 신앙과 비즈니스를 통해 조화롭게 이끌어가고자 노력했다.

나의 내면에는 늘 하나님에 대한 깊은 헌신과 사명이 있었다. 하나님께서 나를 목회자의 길로 부르신다는 것을 확신하며, 신학을 공부하기로 결심했다. 하지만 나의 목회 여정은 순탄하지 않았다. 개척 교회에서 목회 활동을 하며 많은 도전과 시련을 겪었다. 교회 내 갈등과 외부의 어려움 속에서도 항상 기도와 믿음으로 이겨 내려고 했다. 특히 재정적인 어려움은 매우 컸다. 교회가 자리를 잡기까지 재정적으로나 물리적으로 어려운 상황이었지만, 끊임없이 하나님께 기도하며 교회를 세우기 위해 애썼다. 나는 여선히 활발하게 목회 활동을 이어가고 있다. 강동기독실업인회를 이끌며, 비즈니스와 신앙을 연결하여 많은 사람에게 사랑과 복음을 전하고 있다.

"두려워하지 말라. 내가 너와 함께 함이니라 놀라지 말라. 나는 네 하나님이 됨이라 내가 너를 굳세게 하리라 참으로 너를 돕고 나의 의로운 오른손으로 너를 붙들리라." (이사야 41:10)

하나님께서 주신 사명감을 바탕으로, 어려운 상황 속에서도 '내가 너와 함께 하리라'는 성경 말씀을 가지고 목회자로서 사는 삶을 살아가고 있다.

no.27
한기수

❏ 소개

1. 한국남성행복심리상담 대표
2. 여여나무연구소 국장
3. 방과후 전래 놀이 전문강사
    2년간 5학교 방과후 강의 진행 중
4. 체육전문 강사
5. 곰 사랑을 노래 하다.(베스트셀러 등극)
    곰 스케치북 2집. 내 삶을 바꾼 책(50인 공저 출간)
6. 한국작가협회 김해지부준회원

❏ 연락처

1. https://blog.naver.com/rltn1334
2. 네이버 검색: 한기수

돈보다 소중한 보물, 아이들

　나는 심리 상담사이다. 그리고 유명하지는 않지만 시인이다. 적은 수입이지만. 주요 수입 원천은 돌봄교실 전래 신체 놀이 수업이다. 이 일은 아이들이 좋아서 하게 된 일이다. 대학도 심리학부 아동·청소년 학과를 졸업했다. 상담 일을 하고 싶었지만 여러 가지 여건상 나에게 많은 기회가 오지 않았다. 그래서 선택한 것이 저학년 돌봄교실 수업이다.
　아이들의 다양한 기질 때문에 노는 수업이 쉬운 일만은 아니다. 정신적으로 아픈 아이, 체력이 아주 부족한 남자아이, 남자아이들보다 더 많이 뛰고 노는 여자아이, 손버릇이 나쁜 아이, 오줌 싸는 아이, 뜻대로 안 된다고 수업 내내 내 다리 잡고 우는 아이 등 다양하다. 처음에는 정신도 없고 한명 한명 상대했다. 이제는 요령이 생겨 눈 따로 입, 팔다리 따로 움직이는 늙은 곰이 되었다. 이런 아이들은 나에게 기쁨을 준다. 솔직히 2~3시간 같이 놀고 나면 목도 쉬고 다리가 아플 때도 많다. 하지만, 이 수업이 지나고 아이들과 헤어지는 시간이 되면 아쉬운 생각이 들 때도 있다. 아이들의 거짓 없이

해맑은 표정으로 인해 수업할 때 에너지를 받는다. 내가 소리 내어 말하면 힘차게 "네" 하고 힘차게 대답한다.

 이럴 때는 모든 아이와 한마음이 되어서 땀을 흘리고 즐기면서 놀아본다. 그 후, 아이들은 가기 싫은 학원을 4~5개를 가야 한다. 가기 싫다고 우는 아이들이 대부분이다. 어른들의 욕심으로 뛰어놀아야 하는 시간에 이곳저곳으로 학원 차 찾아서 뛰는 아이들의 뒷모습을 보면 한숨이 나고 안타까운 마음이 든다.

 아마 전국의 학교 방과 후 아이들은 다 똑같을 것 같다. 그리고 수업 도중에 학원 때문에 어쩔 수 없이 빠져나가는 아이들 뒷모습을 볼 수밖에 없는 방과 후 선생님 마음도 좋을 수 없을 것이다.

 하루에 2~3시간 수업은 교과과정 수업이 아니라 방과 후이기에 학생 인원수가 아무리 많아도 시급제 계산이다. 그리고 프리랜서가 아니라서 센터에 일정의 금액을 지급하고 돈을 받는다. 시간도 오후 1~4시까지라 애매한 시간은 그냥 흘려보내야 한다. 어찌 보면 그 시간을 활용하지 못하고 있는 나에게 문제가 있다는 생각도 든다. 한 달에 다섯 군데 열심히 놀고 나면 100만 원 정도 받는다.

 50대 초반 내가 가진 기술이면 300~4백만 원 정도는 벌 수 있다. 적은 보수로 인해 가끔 몇 번이고 후회하고 포기하고 싶은 마음이 많이 들었다. 그래도 나를 기다리고 있는 아이들을 생각하고 응원해 주는 가족들이 있어 마음을 다잡곤 한다. 각자 돈을 벌고 있는 두 아들과 자영업을 하는 아내 덕분에 마음 놓고 아이들과 놀 수 있어서 감사하다.

저녁이나 오전에 할 수 있는 일을 찾아보고 있다. 내가 배운 것을 활용할 수 있는 일을 찾다 보니 쉽게 찾아지지는 않는다. 내가 가지고 있는 기술과 늦게나마 공부해서 배운 것들을 필요한 곳에서 잘 활용하고 싶다.

학교에 가면 "얘들아, 오늘도 신나게 놀아 볼까?" 하고 수업을 시작한다. 많은 땀을 흘리며 50분을 놀고 나면 힘도 들지만 나 자신도 힐링이 된다. 이때만큼은 돈도 다 필요 없다고 느낀다.

가끔은 이런 생각도 든다. 사람의 마음은 간사하다. 늘 느끼는 거지만 수업 끝나고 차에 앉아 시동을 거는 순간 나 자신도 속물이 된다. "피식" 웃음을 머금고 있는 백미러 속의 나에게 오늘도 나는 "속물"이라고 말한다. 부족하지만 아이들이 좋아서 그냥 겁 없이 시작한 일이다. 후회도 많고 곰처럼 으르렁거려도 티 없이 웃어 수는 아이들이 있어 즐겁다. 돈으로 이어주는 연결고리가 아니더라도 밝게 웃어 주는 아이들이 보물이다. 나에게 주어진 또 다른 금전이다.

독자분들이 혹시나 나와 같은 상황이라면 본인이 하고자 하는 일은 꼭 포기하지 말라고 전하고 싶다. 어떤 일이든 쉬운 일은 없다고 생각한다. 하지만 너무 힘들면 포기하게 된다. 꿈을 찾아 열심히 배움을 포기하지 않는 중·장년층 여러분께 부탁드리고 싶다. 정말로 힘들어 포기라는 선택을 하고 싶을 때 잠시 쉬어보기를 권하고 싶다. 그래도 "아니다"라는 생각이 들면 용기 내어 다른 길을 갔으면 한다.

no.28

김지영

❏ 소개

1. 따뜻한 마음과 열정이 넘치는
2. 도전과 성장에 대한 갈망이 큰
3. 전) 13년간 초등학교 컴퓨터 특기적성 강사
4. 전) 교도소 정보통신 출강
5. 현) 13년간 유치원 교사 & 유아교육 석사
6. 28년차 육아맘

❏ 연락처

블로그: https://blog.naver.com/papayakim

버팀의 미학
'시련은 성장의 과정이다'

공자님이 말씀하신 세상의 이치를 아는 나이 지천명을 넘어 보니 인생은 배를 타고 바다에서 만나는 맑은 날, 흐린 날, 비가 오는 날, 태풍에 휩쓸리는 날처럼 어떤 일이 일어날지 짐작조차 할 수 없는 불확실함과 모호함의 연속이었다.

1996년, 부모님의 반대를 무릅쓰고 세상 물정 모르는 스물셋의 나이에 결혼했다. 홀로 계신 시아버지와 아들 둘, 시누이가 여섯이나 되는 8남매 집안의 맏며느리가 되었다. 시아버지는 농사일로 허리를 다쳐 서울로 올라오셨고, 대장암으로 2015년 9월 돌아가실 때까지 17년간 모셨다.

결혼 직후 아이를 낳자마자 IMF 외환위기가 닥쳐 남편이 실직했다. 나는 가족을 위해 새벽에는 가판대에서 직장인을 대상으로 장사를 하고, 낮에는 컴퓨터 강사로, 밤에는 방문 교육으로 하루하루를 버텼다. 설상가상으로 남편의 보유 주식이 상장 폐지되면서 큰 손실을 보았고, 결국 빚을 갚기 위해 살던 아파트를 전세로 주고 시골로 이사해야 했다.

낯설고 힘든 시골 생활 속에서도 나를 버틸 수 있게 한 것은 아이의 존재였다. 눈에 넣어도 아프지 않을 아이를 위해 절망 대신 희망을 붙잡았고, 절대 포기하지 않았다.

이 시기에 빅터 프랭클의 책 『죽음의 수용소에서』는 나에게 새로운 관점을 심어주었다. '*시련을 당하는 중에도 자신이 이 세상에서 유일한 단 한 사람이라는 사실에 감사해야 한다. 어느 누구도 그를 시련으로부터 구해낼 수 없고, 대신 고통을 짊어질 수도 없다. 그가 자신의 짐을 짊어지는 방식을 결정하는 것은 그에게만 주어진 독자적인 기회이다.*'

이 문구를 통해 나의 고통에 대한 태도는 내가 결정해야 한다는 사실을 깨달았다. 고통의 원인을 탓하기보다 그 고통을 어떻게 마주할지를 선택할 수 있다는 진리의 발견은 내게 힘을 주었고 내 삶의 전환점이 되었다. 더 이상 좌절하지 않기로 결심하고 스스로 성장할 방법을 찾아 나섰다.

그렇게 나는 일을 병행하며 유아교육을 공부했다. 주경야독 끝에 유치원 정교사 자격증을 취득했고, 대학원에도 진학했다. 새로운 직업을 얻으며 경제적으로 안정되고 화목한 가정을 만들었다. 지난 일을 회상해 보면 시아버지와 함께 살며 내가 학업과 일에 몰입할 수 있었던 것은 큰 행운이었다. 동시에 아이는 시아버지와 시누이들의 사랑 속에서 정서적으로 안정된 환경에서 성장했다. 내가 바쁘던 시절에도 스스로 자신의 일을 해내는 멋진 청년으로 자라 준 아이가 지금은 너무나 자랑스럽다.

늘 행복하고 싶지만, 살다 보면 또 다른 극한의 시련이 예고도 없이 찾아오기도 한다. 2024년 11월 9일, 직장 동료의 결혼식을 다녀오던 길에 한 통의 전화를 받았다. 등산 중이던 남편이 추락 사고를 당했다는 소식이었다. 순간적으로 온몸에 전율이 흘렀다. 남편은 30미터 높이에서 굴러떨어지며, 갈비뼈 6개와 허리뼈 골절, 고관절의 심한 골절, 과다출혈을 입었다. 헬기를 타고 병원으로 이송된 남편은 응급수술을 받고 지금까지 세 번의 수술을 했다.

살아 있는 게 기적이고 남편이 숨 쉬고, 말할 수 있다는 것에 너무나 감사했다. 눈물이 마를 날이 없고 얼굴이 쓰라릴 정도로 하루하루를 보내는 와중에 다행히 손해사정사인 남편의 친구가 초기 소견서를 검토하며 중요한 곳은 다치지 않았고 후유장애도 없을 것이라는 말을 전해 주었다. 그 한마디는 우리 가족 모두에게 큰 위로와 희망이 되었다.

지금까지의 인생은 한순간도 쉬운 적이 없었다. 하지만 모든 어려움이 나를 단단하게 만들어 주었다. 삶은 언제나 새로운 시련을 던져주었지만, 나는 그때마다 버티고 일어섰다. 그 과정에서 나는 성장했고, 삶의 소중함을 일깨워주었다. 돌이켜 보면, 나를 무너지지 않게 했던 것은 매번 닥쳐오는 시련을 대하는 태도였다.

돌리 파튼은 말했다. "무지개를 보려면 비를 참고 견뎌야 한다." 나는 지금까지 그 비를 견디며 무지개를 기다렸고, 앞으로도 그렇게 할 것이다. 스스로에게 말한다.

"지영아, 잘해왔고 앞으로도 잘할 거야. 네가 지금까지 버텨온 모든 순간이 고맙고 자랑스러워. 애썼어, 정말."

no.29

김상진

❏ 소개

1. 방송sns콘텐츠전문가1급
2. 스포츠심리상담사1급
3. 노인통합관리지도사1급
4. 요양보호사
5. 건강부업 패시브인컴 N잡러

❏ 연락처

https://m.blog.naver.com/coolgio6500

인생 3막 튜닝중

   금수저는 아니었지만 성장기엔 가난이란 게 뭔지 모르고 살았다. 공무원이던 부모님의 과잉보호 아래 내 생각이란 없고 내 선택은 무시당하고 살았다. 부모님의 의견에 따라야 했고 장남이라는 책임감은 내 어깨를 무겁게 했다. 부모님의 뜻에 복종해야 하는 나는 말 잘 들어야 하는 장남이었다.

   그래서 한때는 성장하면서 부모님에게 불효도 많이 했었다. 내 뜻대로 아무것도 하지 못하다 젊은 시절 지금의 아내를 만나 사랑이라는 것을 일찍 알았다. 장남이라는 테두리에서 벗어나기 위해 1979년도에 결혼해서 생각 없이 아들, 딸을 낳고 오손도손 남부럽지 않게 살았다. 젊어서 그랬는지 아쉬움 없이 그럭저럭 무난하게 잘 살아왔다.

   하지만 역시나 우리의 인생이란 호락호락하지 않았다. 결혼한 지 1년이 안 되어서 직장에 근무하며 배운 것을 벤치마킹하여 개인회사를 차렸다. 개인사업자로 한때 잘나가기도 했지만, 생각 없이 살았던 것이 화근이 되었다. 잘될 때 모으고 아끼면서, 살아야 한다는 것을 몰랐다. 한참 잘나가던 시절 1997년도 외환위기 IMF가 터지고 카드대란까지 터졌다.

  내 나이 벌써 55살, 나름대로 이렇게도 해보고 저렇게도 해보고 무진장 마음고생을 하다가 5년을 버티다가 결국은 부도를 냈고 아무것도 할 수 없는 무기력한 사람이 되어갔다. 집과 모든 것은 압류당하고 경매로 오갈 데 없는 신세가 되었다. 그때부터 집을 떠나서 3년을 방황했고 사람들을 피해서 도피생활을 했다. 그런 와중에 나름 다시 일어서려고 발버둥치며 가슴을 치며 울부짖었다.

  중심을 잡지 못하는 가운데, 조금씩 생각을 바꾸며 정신을 차리려고 할 때. 마침 아들이 동대문에서 배운 옷 가게를 시작하기 위해 부산에 내려와 가게를 차렸다. 아들 옷 가게에 관리를 맡아 해주었고, 장사에 동참하여 죽을 둥 살 둥 모르게 도와주었다. 뜻밖에 예상외로 장사가 너무너무 잘되어 '하늘이 돕는구나! 죽어도 솟아날 구멍은 있다'라고 나 자신을 채찍질하며 더욱 열심히 했고, 한 5년 동안 가게를 확장해서 3개의 가게를 운영 관리하며 걱정 없이 잘 살아왔다.

  그런데 또 하늘이 무너졌다. 내 나이 61살, 심장수술을 하게 되었다. 눈을 감고 의식이 없을 때 아련히 굴뚝 위에 앉아 있는 한 마리의 새가 보였다. 나는 나에게 '상진아! 괜찮아! 너는 살 수 있어'라고 말해주었다.

  2시간의 수술 후에 의식을 차리니 박사님이 말했다. "심장동맥경화 우회 수술이라고 조금만 늦었어도 저세상으로 갔을 거예요"라고.

한 5년 동안 방황하고 애쓰며 건강을 생각하지 않았던 것과 마음고생했던 것이 결국엔 심장수술로 찾아온 것 같았다. 그래도 그 와중에 장사는 계속 잘 되었고 다행히 심장수술도 잘 되어서 행복하게 딸, 아들 모두 결혼까지 시켜서 잘 사는가 싶었다.

그런데, 세 번째 위기가 왔다. 신기하게도 불행은 십 년 주기로 찾아왔다 지금까지의 인생은 한순간도 쉬운 적이 없었다. 1918년 지역개발 변동으로 유동 인구 많았던 곳이 하루아침에 주위 위성도시가 생겨나면서 아들 하는 장사가 엉망진창으로 잘 안되었다. 상가 가게 점포 3개가 집세가 밀리기 시작하고 하루 이틀이 아니고 조금 있으면 풀릴까 하고 기다렸지만 끝이 안 보였다. 3년 정도 기다리다가 결국 시작한 지 10년 만에 장사를 포기해야 했다.

그땐 아들이 운영했고 나는 그냥 관리만 해주었다. 역시 미리 준비를 하지 못했던 것이 화근이다. 나도 그렇고 아들도 그랬다. 성장하면서 돈을 모르고 살아서 그렇다. 지금까지도 돈을 모르는 것 같다. 있으면 쓰고 없으면 안 쓰고 이것이 문제다.

내 주위 사람들은 인생 2막을 맞아서 쉼을 갖고 여유 있게 보내지만 나는 아직도 바다 한가운데서 풍랑을 맞으며 버티고 서있다. 다신 풍랑에 무너지지 않고 좀 더 잘 살기 위해, 다시 멋진 인생 3막을 위해, 나의 행복을 위해 자기 계발을 하며 열심히 나 자신을 튜닝 중이다.

no.30

이상초

❑ 소개

1. 골든트리투자자문 투자전문위원
2. 엠금융서비스 위드파트너지점 대표
3. 한국바이오헬스케어협회 대표
4. 바이오헬스큐레이터
5. 창업금융컨설턴트 19년차

❑ 연락처

블로그 : https://blog.naver.com/lsc8282

햄버거가 인생을 바꾸다

☑ 햄버거가 나의 인생을 바꾸다

금융컨설턴트라는 직함 뒤에 숨겨진 나의 삶과 여정, 그것은 마치 한 편의 서사시와도 같았다. 인생의 모험은 때로 예기치 못한 순간에 찾아온다. 신혼의 달콤한 향기가 채 가시기도 전에 나는 갑작스레 직장을 잃었다. 뱃속의 아이와 함께 새 삶을 꿈꾸던 그 순간 현실은 냉혹했다.

사장님께 애원하던 그날, 목소리는 떨리고 눈시울은 붉어졌다. "결혼했어요. 뱃속에 아이가 있습니다." 하지만 그 순간이야말로 내 인생의 전환점이었음을 나는 미처 알지 못했다. 때론 인생에서 가장 어두운 순간이 새로운 빛을 발견하는 시작점이 되기도 한다. 금융 세일즈, 그것은 내게 던져진 운명의 주사위였다. 아침마다 넥타이를 고쳐 매며, 나는 스스로에게 다짐했다. **'해내야 해.'**

"오늘 낮에 햄버거 가게를 지나치게 되었어요. 근데 햄버거가 너무 먹고 싶었어요. 아껴야지 그냥 꾹 참아가며 집에 왔는데 자꾸 생각이 나는 거예요" "오늘도 고생했어요."

아내의 이 말 한마디에 나의 세상은 흔들렸다. 1500원짜리 햄버거를 참아낸 그녀의 희생이 내 가슴을 후벼팠다. 순간 나는 깨달았다. 우리의 꿈은 결코 혼자 이룰 수 있는 것이 아니라는 것을. 나는 가슴에 눈물이 흘렀다.

절친의 만류에도 불구하고, 나는 세일즈를 선택했다. 찬밥 더운 밥을 가릴 때가 아니었다 시골 고교 학생회장이었던 그 시절의 열정을 되살려 매일 아침 7시부터 밤 12시까지 쉼 없이 달렸다. 고객을 만나고, 분석하고, 연습하는 일상이 2년 넘게 이어졌다. 그 결과 우리 가족의 새 보금자리를 마련할 수 있었다. 세상에 도전하지 않은 인생은 실패한 인생이라는 진리를 금융컨설턴트와 대학원 창업 학도로서 나는 믿고 있다. 오늘도 더 나은 내일을 위해 한 걸음 나아간다. 매일 아침 출근길에 만나는 사람들의 얼굴에서 나는 그들의 꿈을 본다.

☑ 자존심은 밥을 주지 않는다

나는 오랜 친구의 주유소를 찾아갔다 시간은 무심히 흘러가고 있었고, 친구의 입에서 나온 "생각할 시간을 달라"는 말은 마치 얼음조각처럼 내 가슴에 박혔다. 그 순간 나는 두려웠다. 이 계약이 미뤄진다면, 우리의 우정도 함께 미뤄질지 모른다는 불안한 생각 때문이었다. 함께 자전거를 타고 등하교하며 좁은 자취방에서 밤을 지새우던 그 따뜻했던 기억들이 어디로 사라진 것일까? 이제 내 모습은 그저 물건을 팔러 온 잡상인에 불과해 보였다 나는 영업이 인간관계를 어떻게 변화시키는지 뼈저리게 느꼈다 하지만 이것이 바로 삶이 나에게 주는 시험이라고 생각한다.

☑ 시련 속의 깨달음: 책임과 성장

사업을 하고 싶어 몇몇 동료와 회사를 독립적으로 창업을 했을 무렵 아내는 몸이 이상하다며 병원에 검사를 받았고 갑상선에 악성종양이 발견되었다. 바쁜 와중 일에 신경을 쓰다 보니 소홀했다. 아내는 현재 2번의 큰 수술을 겪었지만 의지로 이겨냈다. 아내를 나는 우리집 가장이라고 이야기한다.

  2018년 9월 지인 추천으로 서울에서 상조업계 법인 대표자를 소개받았다. 상조 영업지사를 권유하였고 그 회사는 브랜드의 신뢰성 때문에 식구들과 상의 후 바로 업무를 체결했다. 소문이 나면서 하루에도 몇 통씩 지사 계약을 체결하고 싶다고 전화가 왔다. 지사에서 회사를 본부로 확장 시키고 그 회사와 계약서를 체결했다 전국 단위로 인원을 모집하고 200명 정도가 산하의 영업조직이 결성되었다. 하지만 욕심에 걸려든 덫이었다. 수익을 좀 더 증대시키고 조직을 좀 더 키워보자는 욕심을 낸 것이 큰 실수였다. 어느 날 갑자기 자동이체된 계약들이 대량 해지되었다. 그때 알았다. 일종의 동의되지 않은 계약이었다는 것을. 민원도 계속 들어왔다 계약이 해지됨에 따라 한 달에 환수만 수천만 원씩 발생하였다. 지금껏 한 번도 겪지 못한 시련이 시작되었다. 물러날 수가 없었다. 처음 계약서를 쓸 때 믿고 도와준 동료가 연대보증을 함께 서줬기 때문이었다. 4년을 그렇게 보냈다

  2024년 1월 채무자에게 과거 변제의 마음을 전하는 한 통의 전화가 왔다. "늦어서 미안합니다. 마음에 걸렸습니다."

  우린 때론 악인이 되기도 선인이 되기도 한다. 늦었지만 찾아온 그 마음이 고맙다. 성장하고 배우며 용서하는 나의 산전수전 이야기는 현재 진행형이다.

산 전 수 전

청소부에서 작가로 태어나다

31. 이형은
청소부에서 작가로 태어나다

32. 최경호
포기하지 않은 인생, 기적의 삶

33. 이대강
맞선만 168번 째!
장가 갈 수 있을까?

34. 박영수
취업, 창업, 학업의 어려움

35. 윤준서
108 요괴

36. 최상민
산전수전에서 배운 인생의 무기

37. 양수목
안타깝고 슬픈 굴레

38. 오순덕
끝없는 육아 전쟁

39. 김효승
이성으로 인한 산전수전

40. 서원준
나의 30대와 IMF 외환위기

no.31

이형은

❑ 소개
1. 강남대 도서관학과 졸업
2. 한국열린사이버대 뷰티건강디자인학과 졸업
3. 사서 자격증, 북큐레이터, 독서 지도사
4. 책쓰기 지도사, 출판 작가 마스터
5. 미용사 면허증, 운동 처방사

청소부에서 작가로 태어나다

나는 책이 좋아서 대학교 도서관학과를 전공했다. 우연히 책에서 귀농에 관한 정보를 얻고 너무 좋아했다. 책에서 본 유토피아 이상형(제임스 힐튼의 소설, 잃어버린 지평선)의 세계를 그리며, 가족을 이끌고 모든 것을 정리하고 농사를 짓기 위해 경북 봉화 춘양에 귀농했는데 가보니 현실은 냉혹했다.

주민들은 잘 대해 주었지만, 낯설고 물 설은 곳에서의 적응은 쉽지 않았다. 귀농을 성공적으로 한 사람들도 있지만, 경제적인 관념과 농사에 관한 정보도 없었기에 적응이 힘들었다. 건강에는 좋은 면이 많았지만, 빚을 지게 되어 경제적인 어려움을 겪게 되었다. 도저히 견디기 어려워 다시 이천으로 이사를 와서 직업에는 귀천이 없다는 생각으로 회사에 취직하면서 청소부 생활을 했다. 청소부라면 사회 인식이 좋지 않았지만 살아가기 위해서는 다른 방법이 없었다.

그리고, 시간이 나면 퇴근 후에 틈틈이 쓰레기 기부(Trash Donation)를 했다. TD(쓰레기 기부)란 쓰레기를 줍는 행위를 통해서 오염된 지구를 살리고 깨끗한 환경을 만드는 것이 중요한 일이며 이 행위를 통해 지구를 살리는 일에 기여하고 환경오염으로 발생하는 사회적 비용을 절감한 것으로 인정하여 이를 기부행위로 인정하는 것을 말한다. 쓰레기 기부문화는 지구힐링, 자연 힐링, 인간 힐링이라는 슬로건 아래 전 세계 누구라도 쉽게 이해하고 공감할 수 있다. 또한 이 문화를 실천하면 할수록 더욱 즐겁고 행복한 세상이 될 수 있는 획기적인 좋은 문화라 지구 힐링 문화 재단에 가입해서 지금도 눈이 오나 비가 오나 쓰레기(줍기) 기부를 하고 있다.

사업에 실패한 나폴레옹 힐은 엔드류 카네기를 찾아가서 "어떻게 실패를 극복하고 다시 성공할 수 있었나요?"라며 비결을 물었다. 이에 카네기는 "실패한 사람과 성공한 사람들을 연구해서 책을 써보라"라고 했고 그 말을 듣고 그가 쓴 책이 바로 『성공의 법칙』(The law of success)이다. 나는 이 책에서 '당신이 할 수 있다고 믿으면 할 수 있다.'(You can do it if you believe you can)라는 내용을 보고 용기를 얻었다.

"한낮의 빛이 짙은 밤 어둠의 깊이를 어찌 알겠는가?" -Friedrich Wilheim Nietzsche

"그만두고 싶을 때 딱 한 걸음만 더"-조셉 M.마셜의 〈그래도 계속 가라〉

"왕관을 쓰려는 자 무게를 견뎌라." -세익스피어 작품 中-

"겨울이 오면 봄도 멀지 않으리 " -영국의 시인 셸리-

"인생은 진지하고 엄숙하다."(Life is real Life is earnest)" -미국의 유명한 시인 ㅡ롱펠로

"모든 살아있는 생명체는 자기만의 답을 알고 있다." -서광원(살아있는 것들은 전략이 있다)

"자신의 불행을 잊는 가장 좋은 방법은 일에 몰두하는 것이다." -루트비히 판 베토벤

"삶이 괴로울 땐 공부를 시작하는 것이 좋다." 박치욱 교수

"무엇이든 배우는 것은 과거를 넘어서 현재를 살아가는 힘을 준다." -알랭 보통

"정해진 천직이란 없지만, 강물 위에 무수히 많은 종이배를 띄어 본 사람만이 찾을 수 있는 것이 천직(작가)이다."

"니체는 흐지부지하게 살아가는 인생을 제일 싫어했다. 자기 인생에 온 힘을 쏟아 능력을 최대 발휘하는 것이 최고의 삶이다." -곁에 두고 읽는 니체

"춤추어라, 아무도 보고 있지 않은 것처럼.
사랑하라, 한 번도 상처받지 않은 것처럼.
살아가라, 오늘이 그대의 마지막 날인 것처럼.....!!

책을 읽으면서, 도서관학을 전공하였기에 사서로서 작가의 길을 걷기로 결심하고, 우경하 작가님의 도움을 받아서 내 삶을 바꾼 책(공저)을 출간하고, 앞으로 작가로서 선한 영향력을 주고 싶다.

"독자들의 시간과 돈이 아깝지 않도록 글을 써야 한다."(쇼펜하우어의 문장론)와 "내 인생을 끌려갈 것인가? 끌어 당길 것인가!"(소피) 생각하면서 작가의 길을 계속 가리라 다짐한다.

no.32

최경호

❏ 소개
1. 100명 살리기 운동 생존가이드
2. 인체정화관리사
3. 좋은효소 횡성팀장
4. 원발불명암 4기, 2년만에 완치
5. 前)대산정밀 대표

❏ 연락처
1. 네이버 검색 : 생존가이드 최경호
2. 블로그 : blog.naver.com/survivepath
3. 인스타그램 : @survivepath_kr

포기하지 않은 인생, 기적의 삶

70년 넘게 삶이 산전수전이 아닌 적이 없었다. 하지만 나는 단 한 번도 포기하지 않았고, 지금은 누구보다 건강하고 성공한 사람이 되었다. 포기하지 않고 신념을 지키며 살다 보면 기적은 결국 나를 찾아왔다.

나는 가난한 산골 마을, 가장 가난한 집안의 8남매 중 장남으로 태어났다. 6살부터 지게를 지고 나무를 해오며, 서울이면 나무껍질을 벗겨 끓여 먹곤 했다. 13살이 되던 해, 서울로 상경하는 버스표 한 장만 들고 집을 나왔다. 서울에 도착하자마자 처음 본 공장 문을 두드리며 숙식과 기술만 배울 수 있다면 돈을 받지 않아도 좋다고 간청했다.

서울 생활은 힘난했다. 공장의 바닥은 차갑고, 선배들의 구타와 괴롭힘은 일상이었다. 하지만 버텨낸 끝에 월급을 받기 시작했고, 그 돈으로 시골의 동생들에게 생활비를 보냈다. 내 젊은 날은 기름때와 배고픔으로 가득했지만, 언젠가 우리 가족이 더 나은 삶을 살게 될 거라 믿었다.

사랑하는 사람을 만나 구로동 벌집 판자촌 월세 한 달 치만 가지고 결혼생활을 시작했다. 그 판잣집에서 임신한 아내와 동생들과 함께 살았다. 방 한 칸에 여럿이 함께 살며, 돈이 생길 때마다 동생들을 하나씩 결혼시켰다. 그러던 중 이 상태로는 앞날이 보이지 않아 장사를 시작했다. 쌀집, 양장점, 연탄 장사까지. 하지만 모든 장사가 실패로 돌아갔고, 결국 우리는 판잣집에서 쫓겨나 길바닥에 나앉았다.

　다행히 아내의 친정에서 도움을 주어 작은 공장을 운영할 수 있게 되었다. 나는 내 이름을 건 공장을 열고 다시 일어섰다. 하지만 시련은 끝나지 않았다. 서울에 집을 구하고 부모님을 모시게 되었고, 어머니가 폐암 말기 판정을 받았다. 온 가족이 병수발을 들었고 3년간의 투병 끝에 어머니는 돌아가셨다. 얼마 지나지 않아 내가 B형 간염으로 쓰러져 간경화 진단을 받았고, 아버지는 치매와 전립선암으로 돌아가셨다. 이후 아내마저 유방암 2기 진단을 받았다.

　아내는 밝고 긍정적인 성격 덕에 암 수술과 항암을 잘 견뎌냈다. 나는 무너질 뻔했지만, 아내와 함께 다시 일어났다. 하지만 나에게는 중증근무력증이라는 희귀질환과 원발불명암 4기라는 새로운 시련이 찾아왔다. 어디서 시작된 병인지 알 수 없고, 치료법도 없다는 이야기를 듣자 나는 치료를 거부했다. 남은 시간을 병원에서 보내고 싶지 않았다. 모든 일을 정리하고 아내와 함께 강원도로 향했다.

강원도에서 우리는 일반식을 끊고 효소와 생식으로 몸을 정화하기 시작했다. 매일 3~4만 보를 걸으며 황톳길에서는 맨발로 걷기도 했다. 그렇게 100일이 지나 다시 병원을 찾았을 때, 암세포가 줄어들었다는 소식을 들었다. 의사조차 믿기 어려워했지만 나는 확신했다. 건강을 되찾을 수 있다는 것을.

암 진단 이후 3년이 채 되지 않아 완치 판정을 받았다. 간경화 수치도 정상으로 돌아왔고, 중증근무력증의 증상도 사라져 약을 먹지 않아도 되는 상태가 되었다.

가난한 산골 마을에서 서울로 상경한 소년은 이제 50억 대의 자산가가 되었고, 자식들도 연 매출 30억을 기록하는 사업가로 성장했다. 하지만 그보다 중요한 것은, 내가 건강을 되찾아 제2의 인생을 살아가고 있다는 것이다.

이제 나는 새로운 생명을 얻은 사람으로서, 죽기 전에 100명을 살리겠다는 목표를 세웠다. 지난 2년 동안 9명이 나처럼 삶을 되찾았고, 남은 삶 동안 91명을 더 도울 것이다. 삶은 산전수전의 연속이었다. 하지만 나는 단 한 번도 포기하지 않았다. 그리고 이 기적을 더 많은 사람들과 나눌 것이다.

no.33

이대강

❑ 소개
1. 쿠팜창업w성공연구소 대표(5년차)
2. 이대강플라워 대표(12년차)/
   달꿈 직업멘토 강사(9년째)
3. (꽃집)창업컨설팅, 책쓰기, 정부지원사업 전문
4. 꽃판매 누적 30만건 이상 , 조경시공 150건 이상,
   "사람이 몰리는 꽃집창업의 비밀" 외 15권 이상 집필
5. 초중고 직업멘토링 5만명 이상(450여개 이상)
   성인 창업컨설팅 500명 이상(대기업 임직원 외 다수)
6. 온/오프라인 책쓰기 수강생 1000명, 꽃집창업 수강생
   1000명, 정부지원사업 컨설팅 500명 이상

❑ 연락처
네이버 검색: 이대강

맞선만 168번 째!
장가 갈 수 있을까?

    초중고, 학창 시절 나는 유난히도 내성적이고 겁이 많았다. 여러 사람 앞에서 발표하거나 말하는 것이 제일 두렵고 무서웠다. 욕도 잘할 줄 모를 정도로 여리고 싸움이 날 것 같으면 피할 정도로 유약한 모습도 있었다.

    사실, 중학교 시절 이런 내 성격을 보면서 '과연 내가 어른이 돼서 결혼할 수 있을까?' 싶었다. 특히, 결혼식장에서 남자답게 행진하는 장면을 생각하면 '와, 도대체 내가 저 수많은 사람 앞으로 당당하게 걸어 나가서 신부를 앞에 두고 만세삼창을 할 수 있을까…' 싶을 정도로 걱정도 많았다. 그런데 나에게도 전환점이 3번 있었다.

    중학교 3학년 말 즈음 나에게도 여자 친구가 생긴 것이다. 그 친구는 내가 너무 좋다며 남자답고 귀엽고 착한 모습이 매력적이라고 했다. 그래서 거의 매주 만나다시피 했다. 그렇게 1년 정도 사귀다가 서로의 단점을 알게 되면서부터는 애정이 식어갔다. 나의 남성적인 매력에 자신감이 생겼을 21살 무렵 이번에는 굉장히 심하게 이성에게 차이는 경험을 했다. 너무 좋아한 나머지 무릎까지 꿇을 정도로 애원하고 붙잡았지만 나를 매몰차게 싫다고 거절하였다.

그녀를 위해 정말 모든 것을 다할 수 있을 것만 같은 열정이 실망과 좌절로 돌아오게 되면서 심한 충격을 받고 한동안 깊은 우울증에 빠졌다. 몇 달 동안은 거의 매일 울었고 그때 나는 사회적으로 성공하고 유명한 사람이 되어야겠다고 아주 굳은 결심을 하기까지 했다.

그래서 그때의 충격으로 나는 거의 10년간 연애를 안 하기도 했고 못 한 것도 있었다. 힘들게 3수를 하고 편입하여 대학에 들어갔고 그 안에서 캠퍼스 낭만을 누려보겠노라고 생각해 보았지만 오랫동안 연애를 안 한 상태라 연애 세포가 거의 죽어있는 듯했다. 이성에게 말을 걸 용기도 없었고 마음에 드는 이성을 만나도 자신감 있게 고백도 못 했다. 그렇게 10년이 흘러 31살쯤이 되었을 때 이러면 평생 연애를 못 하겠다 싶어 KBS에서 진행하는 연애 다큐 프로그램에 나가서 컨설팅을 받아본 적도 있다. EBS 라디오에 사연을 보내 연애 불구자의 삶을 한탄하는 글을 써서 보내 채택이 되어 거의 1시간 정도 생방송으로 상담을 받고 용기와 격려를 받기도 했다.

그러던 어느 날. 나에게도 천사와 같은 간호사 여자 친구가 생겼다. 그때 내 나이는 32살쯤이 되었고 정말 운 좋게 거의 10년 만에 여자 친구를 사귀었지만 3개월 밖에 가지 못했다.

A사, B사, C사, D사, E사... 참 많은 결혼정보 회사에 가입

하여 약 150명 넘는 이성을 소개받았지만 잘 안되었다.

사실 제대로 된 연애를 한다는 게 나에게 가능할까? 의심될 때도 있지만 나는 포기하지 않을 것이다. 사실 최근 5년 동안에는 멋진 신혼집을 마련하기 위해서 재테크와 투자에도 집중했었는데 코인, 부동산, 상품권, 주식, 보이스피싱 등 참 신기하게도 모두 사기와 연관되면서 3억 원 이상의 손해를 봤다. 하지만, 나는 손해가 있으면 이익도 있다고 1,000% 믿는 사람이다. 아마도 나는 300억 이상의 부자가 될 듯싶다. 어차피 그중에 10% 이상은 세금으로 내거나 기부할 터이니 불우한 이웃을 위해 미리 기부했다고 생각하니 마음이 아주 흡족하다.

지금도 나의 카드 지갑에는 나의 간략한 이상형과 행복한 연애를 하고 화목한 가정을 이루어 풍족하게 살 것이라는 긍정 확언문이 메모지로 담겨 있다. 1분짜리 영상으로 만들어서 유튜브에 비공개로 올리고 수시로 보시노 한다.

"세상에서 가장 든든한 남편이자, 존경받는 아버지로서 가장 화목하고 건강한 가정을 만들고 사람들에게 귀감이 되는 그런 훌륭한 가문을 만들게 되어 참 감사합니다."라고.

혹시 지금 결혼 때문에 힘든 시간을 보내고 있는 독자가 있다면 다음과 같은 문장을 읽어 보며 자신감, 자존감, 자부심을 지키길 바란다.

"넌 어디를 가든 무얼 하든 누구와 있든 언제든 세상에서 가장 멋진 남자이고 능력 있는 남자이고 매력 있는 남자야. 이미 모든 게 충분하고 완벽해. 그 자체로 사랑받아 마땅해."

no.34

박영수

❏ 소개

1. 100건 이상 다양한 프로젝트 경험자
2. 직업상담사(한국산업인력공단)
3. 창업지도사(한국창업지도사협회)
4. 트리즈전문가(MATRIZ, 한국트리즈협회)
5. 기술거래사(산업통상자원부)
6. 비즈니스 코치(한국코치협회, KPC)
7. 인공지능콘텐츠강사 1급(디지털융합교육원)

❏ 연락처

1. 네이버 카페: 루크직업상담
2. 유튜브 검색: AI트리즈

취업, 창업, 학업의 어려움

인생은 취업, 창업, 학업의 연속이다. 누구나 어려운 일들을 겪었을 것이라고 생각한다. 글로 알리기 어려운 일들도 많았지만, 다음의 경험을 참고해 보기 바란다.

☑ 취업의 어려움

요즘 대기업에 공채로 입사하기가 어렵다고들 한다. 내가 태어나던 60년대에도 대기업 취업은 어려웠다는 것을 그 당시의 자료를 보면 알 수 있다. 내가 취업할 때는 지금보다 운이 좋았다고 생각한다. 그런데 지방에서 서울로 취업 시험을 치러 가기 바로 전날 아침부터 갑자기 머리가 어지러워지기 시작했다. 도저히 참을 수 없어 시험을 포기할까를 고민했다. 스트레스가 나의 멘탈이 견딜 수 있는 한계치(이것을 티핑포인트라고 한다)에 도달했다고 생각했다.

그날 바로 병원에서 치료를 받고 밤에 취업 시험을 치러 이동했다. 다행히 별다른 이상도 없었고 시험에 합격하여 회사에 다니게 되었다. 좀 더 심했다면 시험을 포기하지 않았을까? 이때부터 나의 한계치가 어디일까?를 생각하고 실행해 보았다. 나는 며칠까지 잠을 안 자고 견딜 수 있는가? 나는 몇 시간 동안 앉아서 공부할 수 있는가? 나에 대한 한계치를 경험하기 시작했다.

☑ 창업의 어려움

컨설팅 회사에 근무하다가 1인 기업으로 창업을 하였다. 액션러닝코치, 트리즈 전문가, TOC 전문가, NLP 마스터 등 다양한 전문성을 가지고 교육서비스 분야로 창업하였다. 첫 번째 고객이 ㅇㅇ대학병원 교육팀이었다. 병원에 대해 잘 알지도 못하는데 병원 혁신을 해야 하는 일을 맡았다. 그때는 병원 혁신을 외부 전문가에 맡겨서 해본 사람이 거의 없었기 때문에 나에게 기회가 왔을 것이다. 상황을 파악하고 현장의 소리를 듣기 위해 병원 담당자와 같이 서울과 지방으로 출장을 다녔다. 초기에는 행정직, 간호사, 영상 기사들을 중심으로 본인들의 문제를 해결하는 방향으로 성과를 이루었다. 그러다 보니 병원 전체의 문제를 해결하도록 요구하였다.

병원조직은 의사를 중심으로 운영되고 있다. 행정직, 간호사, 영상 기사와 함께 병원을 혁신하려니 의사들의 반대에 부딪히게 되었다. 이런 경우에 누가 도와주는 사람도 없었지만, 지푸라기라도 잡고 싶은 심정으로 다양한 자료들을 분석하였다. 해외 자료들은 정말 찾기도 쉽지 않았다. 혁신적인 해결 아이디어도 찾기 어려운데, 활동에 협조하지 않고 반대하는 사람도 있으니 답답하기 이루 말할 수 없을 때가 많았다. 요즘 의대 증원 문제를 뉴스를 통해 접할 때 남의 일 같지가 않다. 담당자의 헌신과 행정직, 간호사, 영상 기사들의 열정을 포함하여 저의 혁신적인 컨설팅 기법을 총동원하여 일부 의사들을 혁신 활동에 참여하게 할 수 있었다. 같은 병원에서 혁신 활동을 수년 간하다 보니 '재원일수'가 왜 중요한지 알 수 있었다.

☑ 학업의 어려움

대학을 졸업하고부터 대학원에 대해 고민하였다. 기계공학을 전공했으니 같은 대학 기계공학을 전공하려고 지도 교수님과 만나서 의견도 구했지만 회사 업무와 맞지 않기도 하고, 회사에서 쉽게 보내주지 않았다. 만약에 끝까지 공부하려고 했으면 상사와 싸우거나 퇴사를 하게 되었을 것이다. 그래서 한참을 고민하다가 결국 포기했다. 회사 업무와 맞는 교육공학을 전공하려고 ㅇㅇ대학교 원서를 제출했으나, 지도 교수의 변경으로 포기하였다. 그 이후에 경영학을 전공하려고 ㅇㅇ대학교에 원서를 제출했으나, 탈락했다. 수준을 낮춰서 **대학교에 원서를 제출하여 합격하였다. 살아가면서 다양한 분야의 공부를 하려고 노력했다. 왜 그렇게 다양한 분야의 공부를 했는지를 생각해 보았다. 나는 정해진 업무를 수행하기보다 새로운 프로젝트를 중심으로 일을 했었다.

프로젝트를 수행하면서 나의 한계점(다른 말로 티핑포인트)에 도달한 경우가 많았다. 티핑포인트에 다다르면 공허감이 생긴다. 자신의 한계점을 극복할 것인가? 아니면 그 상태를 유지할 것인가? 아니면 새로운 분야로 도전할 것인가?를 고민하게 된다. 새로운 분야로 도전하는 것이 터닝포인트이다. 나는 지금까지 수백 건의 프로젝트를 통해서 터닝포인트를 이루었다고 생각한다. 기억에 남는 몇 가지 산전수전 사례들이 여러분의 인생에 도움이 되었으면 한다.

no.35

윤준서

❏ 소개
수학학원 원장
개념원리 검토위원

❏ 연락처
E-mail : ricca0204@naver.com

108 요괴

108 요괴...
건강검진 차트에 적혀있던 내 몸무게를 보며 어이없다는 표정으로 지인이 나에게 한 말이다.

그렇다. 난 108kg이다.

17살 때 아버지의 죽음.. 21살 때 언니의 죽음.. 같은 해 할머니의 죽음.. 그 이후로도 같이 살던 39살 친 오빠의 뇌출혈로 인한 반신불수, 2년 후 어머니의 죽음까지...
내 주위에 일어나는 어둠은 내 인생 자체를 물들였다. 난 무기력증, 우울증, 대인기피증으로 밤마다 술 없이 잠들 수 없는 날들로 어느새 108kg이 되어있었다.

그러던 어느 날..
의미 없이 켜 놓은 TV에 내 모습이 비친다. 맞는 옷이 없어 항상 입고 다니던 낡을 대로 낡은 회색 후드티를 걸쳐 입고 작은 찻상에 안주 하나 없이 술병 하나 덩그러니 놓고 술

잔을 들고 있는..

말 그대로의 요괴.

TV를 끄고 아주 오랜만에 내 모습을 들여다본다.

'어디서부터 잘 못 되었을까?'

'내 인생이 어떻게 이렇게 되었을까?' 생각하고 고민해도 되돌릴 수 없는 일들이다. 그때로 돌아간다 해도 일어날 일들은 일어날 것이고 내가 바꿀 수 있는 일들은 아무것도 없을 것이다.

하지만 모든 사건 사고 이후의 내 삶은 내가 바꿀 수 있지 않았을까. 요괴의 삶은 내가 만든 모습이었으니까... 과연 난 나에게 주어진 것들로 무엇을 하고 있었을까. 뭔가 변화가 필요가 필요한 시간이다.

어렵게 도움을 청해본다. 생각을 바꾸니 시야도 달라진다. 그동안 보이지 않던 도움의 손길들은 항상 나를 향해 있었다. 이제야 보인다. 제일 먼저 식습관부터 바꾸기로 한다.

생활 습관을 바꿔 건강을 되찾고 있던 언니의 도움으로 직업상 불규칙한 식사 시간과 폭식, 폭음을 하던 습관을 바꾸고 늘 미루기만 하던 걷기를 시작했다.

그렇게 작은 일들을 하나씩 하나씩 해나가며 나만의 루틴을 만들어가게 되었고, 그렇게 작은 성공들이 쌓이면서 뭔가 이뤄내고 있다는 성취감을 느낄 수 있었다. 그렇게 내 인생 중 '요괴의 삶' 편을 마무리할 수 있었다.

1년 동안의 여러 가지 노력으로 낡디낡은 후드티는 헌 옷 수거함으로 들어갔고 이태원이나 큰 옷 전문점에서도 환영받지 못했던 나는 이제 백화점에 가서 고개 들고 직원들과 눈을 맞추며 인사를 할 수 있다. 비록 아직도 건강검진에서는 체중 관리가 필요한 고도비만이라는 글자가 진하게 찍혀있지만, 최소한 나에겐 '극복'과 '용기'라는 단어가 국어사전에만 있는 단어가 아니라는 걸 깨달았으니 그걸로 됐다.

　이제 다시 한번 '도전'이라는 단어를 배워 보려 한다. '무모한 도전일지라도 시도는 해볼 수 있지 않겠는가'라는 마음으로 이 글을 쓰고 있다.
　언젠가는 꼭 해보고 싶었지만, 그동안 용기 내지 못하고 "나중에 내가 성공하면…"이라고 미뤄왔던 글쓰기에 도전해본다. 실패해도 괜찮다. 실패가 아니라 글쓰기에 큰 재주는 없음을 알게 되는 거니까. ㅎㅎ

　다음 날 보면 손발 오글거려 일기도 마음속으로 쓰던 나지만 이 글을 시작으로 꾸준히 끄적거릴 결심을 해본다. 나만 봐도 괜찮으니까.

　난 오늘 내 인생에서 하나의 성공을 이뤄냈다. 내친김에 또 하나의 도전을 만들어가야겠다. 내 눈으로 확인하지 못하고 내 인생에서 지나간 59kg을 향한 도전을!

no.36

최상민

❑ 소개

1. ㈜인장매니지먼트 공동대표
2. GLAMDOG 브랜드 런칭
3. 前)숙박IT솔루션 "ONDA" 운영본부장
4. 여행, 숙박운영 전문가
5. 숙박업 판매대행, 위탁운영, 투자, 마케팅 전문

❑ 연락처

1. 네이버 검색 : 글램독
2. 블로그 : blog.naver.com/sangmin5177
3. 인스타그램 : @glamdog_kr, @peter.juinjang

산전수전에서 배운 인생의 무기

'No money, no plan, no destination.'

유럽 무전여행 중 내 깃발에 적힌 문구였다. 가난을 이겨내기 위해 서울행 버스표 한 장으로 삶을 일구어낸 아버지의 모습을 보며, 나는 삶이 쉽게 무언가를 내어주지 않는다는 사실을 일찍 깨달았다. 나는 남들이 가지 않은 길을 선택하며, 아버지의 발자취처럼 스스로 도전을 개척해 왔다.

그 결과 30대에 연 매출 30억 원의 회사를 운영하고 여행, 창업, 숙박 운영 등 다양한 강의를 할 수 있는 사람이 되었다. 그 시작점에는 유럽 무전여행이라는 터무니없는 도전이 있었다.

스물다섯 살, 나는 부모님께 "유럽으로 독도를 홍보하러 다녀오겠습니다. 남들이 다 만드는 스펙을 쌓는 대신, 스스로 의미 있는 시간을 만들고 싶어요"라는 뜻밖의 이야기를 전했다. 처음엔 반대가 심했지만, 준비 과정에서 보여준 진지함에 결국 부모님도 승낙하셨다. 겨울방학 동안 독도 슬로건을 적은 러버밴드를 만들어 판매하며 자금을 마련했고, SNS를 통해 홍보와 협찬을 받아 포르투갈행 편도 티켓을 구매했다.

☑ 첫 번째 시련: 낯선 이들과의 첫걸음

　리스본에 도착하자마자 돈도 없고 계획도 없는 동양인 미아가 되었다. 입국 심사에서 편도 티켓만 산 이유를 설명하느라 진땀을 뺐고, 이후 3일간 길에서 노숙하며 저체온증에 시달렸다. 놀이터에서 바람을 막기 위해 땅을 파고 웅크려 잠을 잤고, 새벽에는 추위를 피해 걸어 다녔다. 사람들에게 도움을 요청하려 했지만, 돌아오는 것은 의심과 냉대뿐이었다.

　그때 거리에서 서로 모르는 낯선 사람끼리 웃으며 인사하는 모습을 보고 깨달았다. "상대방의 얼굴은 내 얼굴을 비추는 거울이구나"라고. 나는 그들에게 두려움과 의심으로 가득 찬 표정으로 말을 걸고 있었다. 이후 거울을 보며 "올라!, 봉디아!"를 밝게 외치는 연습을 반복했고, 두려움 없는 얼굴로 다가가자, 사람들도 나를 따뜻하게 받아줬다. 이 깨달음은 단순한 여행의 기술을 넘어 내 삶의 중요한 무기가 되었다.

☑ 두 번째 시련: 생존의 갈림길

　비상식량이 떨어지며 생존의 한계가 눈앞에 다가왔다. 고민 끝에 히치하이킹을 결심하고 도로변에 나섰다. 그러나 수백 대의 차가 지나가도 멈추지 않았다. 겨우 차를 얻어 탄 뒤에는 목적지까지의 시간을 활용해 내 여행 이야기와 대한민국을 소개하며 대화를 이끌었다. 자연스럽게 음식 이야기를 꺼내면 상대방이 식사에 관해 물었고, 밥을 얻어먹는 일도 가능해졌다. 이 과정에서 준비와 전략이 얼마나 중요한지 절실히 깨달았다.

☑ 세 번째 시련: 노숙의 끝

마지막으로 해결해야 할 문제는 잠자리였다. 아무리 친절한 사람이라도 낯선 외국인을 집으로 초대하는 일은 쉬운 일이 아니었다. 그러다 우연히 히치하이킹 중 만난 사람이 "카우치서핑"이라는 플랫폼을 추천해 주었고, 그곳에서 내 프로필을 정성껏 작성했다. "당신과 나의 하루를 영상으로 만들어 선물로 드립니다"라는 메시지를 보내자 많은 초대가 이어졌다. 이후 잠자리 걱정 없이 여행을 이어갈 수 있었다.

포르투갈, 스페인, 프랑스, 벨기에까지 4개국의 20여 도시에서 100여 일간의 무전여행을 마쳤다. 여행 중 겪은 시련과 이를 극복한 경험은 내 삶의 소중한 재산이 되었다. 이 경험이 없었다면 지금의 나는 없었을 것이다. 이후에도 도전은 계속되었다. 산장을 운영하며 숙박업을 시작했고, IT 숙박 솔루션 스타트업의 초기 멤버로 참여했으며, 현재는 애견 동반 숙소 브랜드 GLAMDOG을 운영하며 새로운 도전을 이어가고 있다.

삶은 소중한 것을 쉽게 내어주지 않는다. 쉬운 길에서는 얻을 것이 적다. 산전수전을 겪으며 배우고 성장해 온 내가 바로 그 증거다. 나는 앞으로도 새로운 도전을 찾아 나설 것이다.

no.37

양수목

❏ 소개
1. 자담인건강법 블로그, 유튜브 운영자
2. 디지털콘텐츠 전문가
3. 그린플루언서, ESG 인플루언서 세종그린디
4. 떠 먹여주는 블로그 강사
5. 노인통합관리사
6. 백세시대 이 콘텐츠로 갑니다. 공동저자
7. 닉네임: 이루다

❏ 연락처
1. 네이버 검색: 양수목
2. https://open.kakao.com/o/sgdtgx3f

안타깝고 슬픈 굴레

 아득한 안개 건너편 한없이 거대한 높은 산이 눈앞을 가로막는다. 안타깝고 슬픈 굴레는 너덜너덜한 돛을 달고 넓은 망망대해를 떠돌며 항해한다. 오늘도 마음 졸이며 한 줄기 희망의 끈을 잡는다.

 나는 1남 1녀를 둔 못난 엄마다. 딸아이가 중학교 1학년, 아들은 초등학교 5학년 때였다. 아이들에게 평생 갚지 못할 큰 빚을 졌다. 그때는 몰랐다. 나의 잘못된 선택이 망망대해에 외로운 작은 돛단배를 만들고 있었다는 것을. 검푸른 깊은 바닷속으로 가라앉는 큼직한 바윗덩이가 되기도 하고, 폭풍 속에 있는 배처럼 위태로움을 견뎌야 한다는 것을 몰랐다.

 신혼 초 교육직에 있었던 남편의 수입은 결혼 전 나의 수입에 비해 너무 보잘것없게 느껴졌다. 그래서인지 남편만 바라보고 살 수 없다는 생각이 자리를 잡아가고 있었고 미덥지 않았다. 젊었던 나는 무슨 일이든지 잘할 수 있다는 자신감이 넘쳤다. 작은 아이가 두 돌이 지나 시부모님과 함께 살게 되어 아이들을 맡기고 일을 하기 시작했다.

  동네에 있는 대형 상가에서 옷 가게를 시작했다. 일주일에 한 번 나보다 더 큰 옷 가방을 둘러메고 더 예쁜 옷, 단골들에게 어울릴만한 옷을 찾아다녔다. 땀에 옷이 흠뻑 젖어가며 동대문, 남대문시장을 누비는 발걸음은 밤을 새우는 피곤함보다 오히려 활력의 엔도르핀을 솟게 했다. 내가 이렇게 경제활동을 하는 동안 남편은 불가피한 상황으로 교육직을 그만두어야 했고, 결국 그는 과외 선생이 되었다. 어린 나의 자식들을 시부모님께 맡기고 본격적으로 시작된 나의 사회활동은 수많은 경험을 갖게 해 주었다.

  시어머니는 밖에서 일하고 온 며느리가 안쓰러웠는지 아이들이 가까이 와서 귀찮게 하는 것을 말리셨다. 그때는 그런 시어머니의 배려가 감사했는데, 이제 생각해 보니 아이들과의 정을 잃어버리게 되는 순간들이었다는 것을 몰랐다. 아이들은 내 자식이 아닌 시부모님의 자식이 되고 있었다.

  딸아이가 중학교에 입학하자 여느 가정주부처럼 학부모가 되어 학부모회도 참여하고 우리 아이들 기를 살려주고 싶었다. 그래서 잠시 휴식의 기간을 갖게 되었다. 그런데 그 무렵 남편과의 불화는 1년쯤 지속되고 있었다. 나의 못된 자존심과 어설픈 자존감은 남편을 용서하지 못했다. 그로 인해 아이들 생각은 뒤로하고 이혼했다. 그로 인해 한창 손길을 주어도 모자랄 아이들과 3년 동안 이별을 할 수밖에 없었다.

  당시에 남동생들과 연 매출 26억이 넘는 중소기업을 운영

했다. 대기업과 독점계약을 맺고 유럽 시장까지 진출하려 꿈꾸었던 사업은 정권교체와 대기업의 도산으로 연쇄적으로 무너졌다. 엄청난 충격이었다. 거기에 더해 인생이 몰락하는 순간에 엎친 데 덮친 격으로 닥친 대형 교통사고는 뇌 회로에 문제를 일으켰는지 말을 못 하는 실어증 환자로 3년 이상을 세상과 단절하며 은둔자 생활을 하게 만들었다. 그렇게 3년 이상을 지내다 보니 아이들을 데려오지 못했다. 나의 상황이 어떠하든 아이들에게 청소년기의 3년이라는 세월이 이토록 아득히 높은 산이 될 줄은 몰랐다.

아이들에게는 단란했던 가족이 무너지고, 생각지도 못했던 엄마의 부재가 엄청난 충격을 주었을 것이다. 학교에서는 한 부모 가정이라는 눈총으로 학교생활에 점점 자신감을 잃어 가고 아이들 스스로 깊은 내면으로 숨어들었다. 어두운 모습의 아이들을 접할 때마다 벙어리가 된 나는 말은 못 하고 안타까워 가슴만 쥐어뜯을 뿐이었다.

그 이후 아이들을 데려와 고등학교와 대학도 보내며 함께 살아왔지만, 27년이라는 세월이 흐른 지금도 아이들 앞에서는 망망대해의 안개, 자욱한 거대한 산을 마주하고 있는 듯하다. 어떤 상황에서든 나는 아이들 앞에 무릎을 꿇게 된다. 항상 미안한 마음이 아이들과 이별한 그때 그 시공간에서 벗어나지 못한 상태가 된다. 얼마나 안타깝고 슬픈 굴레인지를 이 글을 통해 말하고 싶다. 요즘 이혼은 흔한 일이 되었지만, 아이들의 미래는 그 무엇으로라도 대체할 수 없는 것이다.

no.38

오순덕

❏ 소개

1. 한글마루 창작소 공동대표
2. 한글만다라 개발자, 대한민국 1호 강사
3. 서울시 교육청 부모 행복교실 강사
4. (사)놀이하는 사람들- 놀이 활동가
5. 유아교육 23년 차
6. 한글 지킴이- 한글 신바람꾼
7. 저서- [내 삶의 좌우명] [내 삶을 바꾼 책]외 전자책 출판

❏ 연락처

1. 블로그: https://m.blog.naver.com/osd020508
2. 인스타그램: happy_tree.hello
3. 유튜브: 한글만다라

끝없는 육아 전쟁

나는 전북 고창에서 유년 시절을 보냈다. 2남 3녀의 가운데 딸로 태어나 오빠, 언니, 여동생, 남동생이 모두 있었기에 그것만으로도 행복한 아이였다. 고교 시절까지 고창에서 보내고, 대학교 1학년 때 휴학하고 서울로 상경했다. 첫 직장으로 유아 교육 회사에 취직했는데, 그곳에서 적성을 발견하고 지금까지 유아 교육 현장에서 일을 하고 있다.

나의 20대는 여러 가지 업무를 수행하고 배우느라 정신없이 지나갔다. 그렇게 20대를 보내는 마지막 해에 겨우 결혼하게 되었다. 아이들을 좋아하고 유아 교육을 하다 보니 자연스럽게 자녀를 많이 갖고 싶었고, 결국 4명의 자녀를 출산했다. 한 명 한 명 자녀 수가 늘어날 때마다 나의 육체적, 정신적 피로와 부담은 커졌다. 아무리 힘들어도 도움을 요청할 곳이 없었다. 남편은 중고생 수학 과외 교사로, 1년 내내 귀가 시간이 자정을 넘겼고 나는 혼자서 4명의 아이를 양육해야 하는 독박 육아를 오랫동안 하게 되었다. 나에게 육아는 끝없는 전쟁처럼 느껴졌다.

매일매일 전쟁을 치르는 듯한 삶을 오래 살다 보니 피로와 스트레스가 쌓여갔다. 게다가 교회학교 부장의 사명까지 감당하다 보니 몸과 마음이 점점 힘들어졌다. 급기야 넷째 아이가 백일이 될 즈음 몸에 이상 신호가 오기 시작했고 시간이 흐를수록 나의 건강은 악화되었다. 목 디스크와 허리 디스크가 동시에 발병했고, 눈에는 안구 건조증과 망막 손상이 찾아왔다. 일상생활이 어려워지자 나는 점차 무기력해졌다. 아픈 몸으로 아이들을 돌보는 것이 힘들어지면서 하루하루 버텨내기가 힘들었다. 한쪽 팔이 하루 종일 저려와서 매우 괴로웠고 죽고 싶다는 생각까지 들었다.

　삶 자체를 포기하고 싶은 마음도 들었다. 이렇게 힘든 순간이 지속되면서 나는 절망감에 빠져들었다. 밤에 잠을 자는 것도 힘들었고 매일 아침 일어나는 것이 두려웠다. 아이들을 돌보는 것이 버거워졌고, 과중한 책임감과 몸의 아픔이 겹치면서 나는 더 이상 하던 일들을 할 수가 없게 되었다. 교회학교 부장 사명을 잠시 내려놓고 치료에 전념했다.

　죽을 것처럼 괴로운 고통에서 벗어나기 위해 지푸라기라도 붙잡는 심정으로 여러 병원에 내 몸에 맞는 치료법을 찾아다녔다. 돈도 없고 아이들을 돌봐줄 사람도 없었기에 수술이나 입원을 할 수도 없었다. 아이들을 돌보고 집안일하면서 치료할 방법을 찾아야만 했다. 비록 힘든 상황이었지만 어린 자녀들을 생각해서라도 빨리 고쳐야만 했다. 내가 아프면 가정이 정상적으로 돌아가지 않기 때문이다.

나는 어떻게든 짧은 시간 안에 치료를 받아야만 했다. 마음을 굳게 먹고 내 상태를 조금씩 변화시키기로 결심했다. 간절한 마음으로 온 힘을 다해 집중 치료를 시작했다. 치료에만 집중하다 보니 점차 회복의 길이 보였다. 여전히 육아와 다양한 책임이 나를 힘들게 했지만, 나는 다시 건강을 회복하고 일상생활을 영위하고자 하는 마음으로 열심히 치료를 받았다. 나을 것 같지 않던 통증이 사라지고 어느 날 팔이 정상으로 돌아왔다. 너무도 힘겨운 시간이었다. 죽음을 생각하게 될 정도로 고통의 시간을 보내고 나니 건강이 얼마나 소중한지 절실히 느끼게 되었다.

우리는 각자의 삶 속에서 크고 작은 전쟁을 치르며 살아간다. 그러나 그 전쟁 속에서도 자신을 사랑하고 보살피는 시간이 필요하다. 힘든 순간이 지나고 나면, 그 과정에서 얻은 경험과 지혜가 우리를 더 강하게 만들어 줄 것이다.

내가 겪은 고통의 시간도 절대 헛되지 않았다. 이 경험을 통해 건강의 소중함과 가족의 사랑을 다시금 깨달았다. 육아와 내 건강 사이의 균형을 지키는 일이 쉽지는 않지만, 그것이 행복한 가정을 만드는 첫걸음이라는 것을 뼈저리게 느꼈다. 자기 돌봄이 가족을 지키는 데 얼마나 중요한지를 깨닫는 소중한 경험이 되었다.

no.39

김효승

❏ 소개

1. 닉네임: 보험의 장동건
2. ABA금융서비스 진심 보험설계사
3. 최선을 다하는 설계사
4. 고객만족도 1위
5. 고객이 우선 찾는 설계사
6. 고객을 위해 발로 뛰는 능력자
   발로 뛰니 행복합니다!^^

❏ 연락처

이메일: hatoryantoni@naver.com

이성으로 인한 산전수전

　내 인생의 산전수전은 여자를 만나며 겪은 몇 차례의 시행착오와 애로다. 나는 아직 아직 결혼을 안 한 싱글이다. 보험 영업을 하는 내 닉네임은 장동건이다. 매너와 외모가 되다 보니 젊을 때는 여자 친구와 결별 선언을 하면 바로 다음 달 정도에 여자 친구가 생길 정도로 주위에 사람이 많이 따르는 편이었다.

　나는 사람을 볼 때 외모보다 진심을 봐야 한다고 생각한다. 주변인들이 나의 진심보다 외모를 보고 접근하다 보니 쉽게 친해지고 배신을 당하는 사례가 몇 번 있었다. 그로 인해 상심도 크고 후유증이 있었다. 이후 나이를 먹고 사회 경험이 쌓여가며 마인드맵과 멘탈 관리로 이를 극복을 했다. 하지만 처음부터 극복이 쉽지는 않았다. 여자 친구들이 나의 진심보다 나의 겉모습만을 보고 가볍게 교제했다가 서로에게 상처와 아픔을 주기도 했었다.

　여자 친구들을 만나면서 상처를 받은 한 사례를 소개한다. 개인 사정이라서 이런 것까지 얘기하고 싶지 않지만 다 지난 일이라 이제는 괜찮다. 어느덧 보험 영업을 한 지 7년이 지나고 있다. 초창기에 영업하다가 거절을 당하고 지방에서 올라오고 있는데 여자 친구가 연락이 안 되었었다. 마침 여자 친구가 혼자 살고 있었기 때문에 집에 문을 열고 들어가 보니 낯선 다른 남자 신발을 발견했다. 남의 집이라서 소동은 부릴 수 없고 그 당시에 나도 마음이 서서히 떠나고 있었고 서로 많이 다툼이 있어서 그냥 뒤돌아서 나왔다. 마음을 고쳐먹고 전화를 해보았으나 그 이후 전화를 안 받고 예상대로 결별 선언을 해서 상처를 받았다.

지금은 마인드 멘탈리스트라서 쉽게 극복이 될 텐데 그땐 그러지 못했다. 이후에도 이런 비슷한 일들이 몇 번 있었다. 지금은 모든 원인과 결과는 나에게 있다고 생각한다. 이제는 사람 관계는 겉모습보다 진심을 서로에게 전달해야 한다고 생각한다

보험영업을 하면서 수없이 많은 사람을 만나고 부딪히고 깨지고 성공하기도 한다. 그러면서 개인 브랜딩 시대라 닉네임을 보험의 장동건이라고 만들고 브랜딩하고 있다. 외면의 모습보다 일단 만나면 내면의 마인드맵을 통한 긍정의 힘, 자세한 스킬, 지식과 매너로 고객을 대한다. 이렇게 내실과 진심을 담아 프리젠테이션을 한 뒤에 계약한 고객들은 사후관리에도 마음을 다하면서 일을 하고 있다.

아직은 결혼하지 않았지만 앞으로 결혼할 사람은 진심을 주고받으며 내 마음의 닫혀있는 문을 여는 여자 친구를 만나고 싶다. 나 또한 더 이상 외모로만 사람을 보지 않고 진실한 마

음으로 착한 선한 영향력을 교환하는 마음으로 동반자를 찾을 것이라고 결심하고 실천하려고 한다. 보험뿐만 아니라 이런 매너와 진심의 모습을 어필해서 나의 진심을 인정하고 반할 여자를 찾고 있다. 외모로만 사람을 만나다 보니 뒤통수 맞는 일을 많이 겪었다.

앞에 언급한 것과 비슷한 또 하나의 사례도 있다. 영업 초창기 어떤 고객이 할듯할듯하다가 변심으로 계약을 미루었다. 허전한 멘탈에 그 당시의 여자 친구에게 전화를 했는데 줄기차게 안 받았다.

그 당시 주말에도 일을 했기에 여자 친구가 외로워서 그 사이에 다른 남자와 만나고 있을 것으로 생각했다. 대놓고 말은 안 했지만 건너 건너 들어서 바람났다는 걸 알고 사람이 몸이 멀어지면 마음이 멀어지고 안 좋은 결말을 맞는다는 것을 체험했다. 나도 누군가에게 뒤통수를 맞고 뒤통수도 때려보니 절대 배신하지 말고 진신인 어지에게 집중해서 최선을 다하자는 결심을 하게 되었다.

앞으로 나를 믿고 계약한 고객님들에게 진심을 동반하고 배신하지 않는 고객서비스를 통해 '보험의 장동건, 김효승'이 되기를 오늘도 다짐해 본다. 파이팅이다!

요즘 세상은 겉모습으로 속을 판단하는 시대다. 하지만 나는 외모와 마음이 일맥상통하고 결국 진심을 전하는 보험설계사로 기억되기를 기대해 본다. 오늘도 모두의 멋진 인생과 행복을 기원한다.

no.40

서원준

❏ 소개

1. 원준몰 대표 (現)
2. ㈜에이플러스에셋 어드바이저
   원플러스사업단 지점장 (現)
3. 더블유에셋(주) 법인보험대리점 지점장 (~2024.01)
4. 삼성화재 개인보험대리점 20년 근속상 수상
5. 삼성화재 개인보험대리점 운영 (1998.11~2022.01)

❏ 연락처

1. 네이버 검색 : 서원준, 서원준 지점장
2. 블로그 : http://blog.naver.com/drc21

나의 30대와 IMF 외환위기

1994년 서른이 되던 해, 난 내 인생의 산전수전을 나 스스로 선택했다. 군 전역 후 입사해서 잘 다니던 중소기업의 경리과 대리 시절에 집안의 사촌 형님이 회사로 찾아왔다. 내겐 당숙이 되는 집안 어른이 기업을 창업했는데 나와 함께 그 회사를 키워서 남의 회사보단 소위 '가문'의 기업을 일으켜 보자는 솔깃한 제안을 했다. 6개월여의 고민 끝에 직급도 한 단계 높여서 과장 직함을 달고 새 회사로 출근했다.

그런데 출근 첫날, 우리 부서 대리님이 자금 내용 도표를 보여주면서 한 말에 난 망치로 머리를 한 대 내리치는 듯한 충격을 받았다. "과장님, 사장님 조카라고 들었지만, 이 회사에 왜 오셨어요? 월급도 자주 밀리는 회사예요."

새로 창업한 회사라서 그러려니 했지만 다니는 내내 어려운 자금 상황으로 힘들었고 결국 그 회사는 내가 입사한 지 3년 만에 부도가 났다.

퇴직금은커녕 내 명의로 대출받아 회사 자금으로 충당한 돈까지 나중에 갚아야 했었다. 부도로 구속됐던 당숙님은 출소 후 재기를 노렸지만, 몇 년 뒤에 세상을 떠나셨다는 소식을 들었다.

회사는 부도가 났고, 돈도 없고 빌빌거리던 때, 퇴사했던 회사의 요청으로 결산업무를 도와주기로 했다. 몇 개월 아르바이트가 끝난 뒤에 사장님이 내게 제안해 주셨다. "다시 회사로 출근해서 자금을 맡아 달라"라고.

내 나이 서른둘이었다.
대부분의 직원이 아는 얼굴이었고 내가 퇴사했던 사이에 내 상급자도 퇴사한 뒤였기에 자금 책임자로서 은행과 회사를 오가며 정말 열심히 재미있게 일했다.

그러나, 그 행복도 잠시였다.
1996년 경제 성장률이 떨어지기 시작하면서 보이던 불황의 조짐은 1997년이 되면서 외환보유고가 바닥나면서 대기업과 은행들이 줄줄이 무너졌다. 대규모 실업과 금융 불안으로 한국은 1997년 말에 IMF에 구제금융을 요청하게 된다.
2대에 걸쳐 국내 석유화학 시장에서 나름으로 자리를 차지하고 있던 우리 회사도 수금한 어음들의 잇따른 부도와 외화 결제액의 부담을 감당하지 못하고 1998년 여름 결국 손을 들고 말았다.

내 나이는 서른넷이었다.

약혼자가 있었고 11월에 결혼식을 앞두고 있었다.

결혼식은 해야 했지만 모아 둔 돈도 없었고 급여와 퇴직금도 못 받은 상황이었다. (참고로 지금까지도 받지 못했다.) 그나마 IMF라는 시대적 상황이 부모님과 함께 살던 작은 빌라의 손바닥만 한 내 방에서 신혼 생활을 시작하는 것을 억지로 무마해 주는 명분이 되었다. (3년 뒤에 분가에 성공했다.)

아내가 직장이 있어서 의지는 되었지만 나도 일해야 했다. 하지만 당시 관리직들은 취업할 자리가 없었다. 그래서 보험 영업을 시작하게 되었는데, 당시 47명의 개인보험 대리점 입사 동기 중에서 가장 먼저 그만둘 사람 1호가 나였을 정도로 숫기도 없고 실적도 미미했었다. 그렇지만, 1년 뒤에 47명 중 20명 정도가 남았고 3년이 지나니 한 자리 숫자로 줄다가 25년이 지닌 지금 현직엔 나 혼자 남아 있다.

못생긴 나무가 산을 지킨다는 말이 있다. 서른 살에 시작된 나의 산전수전은 30년이 지난 지금도 진행 중이다.

5장

산전수전

시련은 새로운 시작의 단초

41. 최민경
시련은 새로운 시작의 단초

42. 양승권
아마추어는 걱정하는 대로, 프로는 상상하는 대로 된다!

43. 성진우
버티면 역습의 때는 온다

44. 도복순
산전수전의 삶이 가르쳐 준 지혜

45. 김미례
가족, 우리들의 봄날

46. 용은정
감당할 수 있는 시련

47. 김성윤
존재의 부재의 현재

48. 안재경
뜨거움 뒤에 차가움

49. 이언주
15살의 꿈

50. 김하주
삶을 바꾸는 인생 코칭꾸러미

51. 정규만
만신창이에서 희망으로

no.41
최민경

❏ 소개
1. 라이프 퍼포즈 디렉터 | Life Purpose Director
2. 삶의 전환기에 있는 분들이 자신의 진정한 목적을 찾고, 숨겨진 강점을 발견하여 의미 있는 인생 스토리를 만들어 가도록 돕는다.
3. 하트나비라이프(Heart Navi Life) 창업
4. 성결대학원 아로마웰니스산업 석박사통합과정
5. 한국열린사이버대학교 뷰티건강디자인학과 편입 및 졸업
6. 한국외국어대학교 중국학대학 중국어전공 졸업

❏ 연락처
1. H.P: 010-8252-3456
2. Fax: 050-8931-3456
3. 블로그: blog.naver.com/minakey
4. 서울시 송파구 올림픽로 342 아울타워 6층

시련은 새로운 시작의 단초

　그동안 살아오면서 겪은 일들이 파노라마처럼 스쳐 지나간다. 행복했던 순간, 힘겨웠던 시간, 가슴 벅찼던 순간, 고통스러웠던 나날들, 이 모든 내 삶의 조각들이 '기억'이라는 유한한 범주에서도 나름의 오랜 시간을 거슬러 생생히 떠올려지는 것은, 오롯이 걸어온 나만의 힘이 실린 내 발자취이기 때문이리라. 팔 공주 막내로 태어난 나는 부모님께 항상 감사한 마음을 품고 산다. 내 어머니이신 이경순 여사는 딸을 일곱 낳으셨고 43세에 늦둥이로 막내딸인 나를 또 낳아주셨다. 바로 위 언니와도 다섯 살 차이가 난다. 나는 긍정석인 마인드를 가지고 매사에 최선을 다하며 열정적으로 살아왔고 언니들의 사랑과 도움도 많이 받았다. 이 또한 팔 공주 막내로 세상 빛을 보게 해 주신 엄마, 아빠 덕분이리라.

　중국어 발음이 매력적으로 느껴져 중국어 전공을 선택한 나의 졸업 후 첫 직장은 이연걸 주연의 〈태극권〉 수입 배급사였다. 한 편의 영화를 선정해 수입을 결정하는 것부터 극장에 오르기까지 전체 과정을 경험한 치열한 시간이었다. 그 후 유명 중국어 전문학원에서 새벽과 주말 강좌를 강의했다. 그리고 학원 요청으로 학원 홍보 및 기획일도 겸하였다.

급여도 물론 두 배로 받았다. 나는 나만의 특별한 교수법을 고안했고, 이를 반영한 자체 교재도 쉴 새 없이 혼자 편집해서 만들었다. 내가 맡은 중국어 발음과 기초회화 강의에 자부심을 가지고 있었고, 재밌게 강의했다. 그런 만큼 수강생들도 늘어났고 학원의 인정도 받았다. 그러나, 학원의 여러 사정으로 옮겨 가게 된 두 번째 학원에서 나는 전체 커리큘럼과 교재 컨셉 기획을 주도하고, 35명이 넘는 한국인, 중국인 강사들을 채용하는 등 교무 기획 일을 내가 다 맡아서 했다. 그리고 B2B 출강 기획 일까지 진행하면서 정말 말 그대로 눈, 코 뜰 새 없이 바쁜 세월을 연속 몇 년째 계속 보냈다. 너무 바빴다 보니 일을 잠시 쉬면서, 결혼 5년 만에 드디어 내가 바라던 아이를 갖게 되었다. 간절한 나의 기도에 대한 응답이라 생각했고, 더할 나위 없이 감사했다. 열 달 만에 내 품에 아들을 안았을 때, 나도 모르게 감동의 눈물이 뺨을 타고 주르륵 흘러내렸다. 소중한 생명에 대한 경건한 기쁨이었다.

시간이 흘러 내 나이 45세가 되던 해, 기존 학원 일을 그만두고 며칠 잠깐 쉬던 2016년 5월이었다. 중국 비즈니스 통역 일로 베이징에서 매우 바쁜 일정들을 다 소화하며 성공적으로 일이 너무나 잘 되어 가던 중이었다. 그때 심해진 가슴 통증이 계속 지속되어서 할 수 없이 급하게 귀국했다. 서울 이대병원에서 받은 검진 결과는 유방암 3기였다. 큰 해머로 머리를 세게 얻어맞은 느낌이었다. 순간 멍했고, 믿고 싶지 않았지만 이내 마음을 추스르고 오히려 담담하게 받아들였다. 물론 아침마다 차라리 꿈이길 바랐던 시간은 꽤 지속됐다.

내 상태에서는 암 사이즈를 줄이는 게 급선무라 바로 항암 치료를 받았다. 항암치료는 말 그대로 내 몸에서 한바탕 전쟁이 벌어진 것 같았다. 그동안 나를 돌보지 않았음을 뼈저리게 실감했고 이런 내가 가여웠다. 그제야 나를 들여다보았고, 대화하며 인정하고 사랑해 주었다. 깊은 성찰의 시간을 가졌다. 첫 항암치료를 받고, 경주 자연치유센터에서 첫날밤에 자면서 꿈을 꾸었다. 하늘에서 강한 빛이 쏟아지며 나를 치유시켜 주었고, 생명수 같은 물로 사람들을 치유하게 돕는 꿈이었다. 새벽에 불현듯 깼지만 너무나 생생한 느낌은 그대로였다. 나는 하나님께 절실하게 감사 기도를 드렸다.

　9개월 동안의 치료 과정에서 놀랍게도 나는 더욱 의연해졌고, 삶의 의미를 깊이 생각해 보는 시간을 가졌다. 완치 후, 나는 웰빙카페 [포토앤카페']를 내 브랜드로 창업했다. 잃어버렸던 건강한 삶의 소중함을 나누고 싶었다. 그리고 지금은 [하트나비라이프]를 통해 더 큰 꿈을 꾼다. 이제 육체적 건강을 넘어 지친 마음을 보듬고, 각자 삶에서 자신의 진정한 목적을 찾는 과정을 함께 하고 싶다.

　'시련은 우리를 부수러 온 것이 아니라, 우리를 단련시켜 내 안에 숨겨진 보석을 찾게 해주는 한 과정'임을 깨달았다. 내가 겪은 아픔은 타인의 아픔을 더 깊이 이해하는 초석이 되고, 진정성 있게 소통할 수 있는 가교가 된다고 믿는다. 나는 삶의 전환기에 있는 모든 분에게 이러한 위기가 우리를 더 유연하고 강인하게 만들 수 있다고 격려하고 싶다. 내가 온몸으로 깨달은 말이다. **'시련은 끝이 아닌 새로운 시작이다.'**

no.42

양승권

❑ 소개

1. 現 인카금융서비스 리치웨이사업단 대표
2. 現 VIP멤버쉽 서비스 리치웨이클럽 대표
3. 現 부동산전문법인 Y&S 이사
4. 前 메리츠화재 천안본부장

❑ 연락처

1. 블로그: https://blog.naver.com/ysg0448
2. 네이버 검색: 리치웨이사업단

아마추어는 걱정하는 대로,
프로는 상상하는 대로 된다!

출생부터 금수저, 흙수저 구분되는 시대에 사는 우리는 어떻게 살아야 성공할 수 있을까?

TV 예능프로그램에 나오는 이야기를 듣다 보면 살면서 힘들지 않았던 사람이 없고, 여러 가지 우여곡절을 겪지 않은 사람이 없었던 것처럼 우리는 다양한 사람들의 인생 이야기를 간접적으로 접하고 있다.

나도 이제 50을 바라보는 인생을 살아보니 평탄한 삶을 살았다고 할 수 없다. 물려받을 재산 없는 집안에서 태어나 힘들게 학창 시절을 보냈다. 사회에 나와 이 악물고 대기업에 입사했으나 30대에 명예퇴직하고 그마저도 사기를 당해 퇴직금마저 날렸으니 그 스토리야 안 들어도 뻔하다.

10년 넘게 다녔던 직장에서 받은 퇴직금을 가장 믿었던 사람에게 빌려줬었고 결국 한 푼도 돌려받지 못하고 40대

때 다시 '0'으로 시작해 지금은 소속 직원 200여 명의 사업체를 이끌고 있으니 이쯤 되면 인생 성공했다고 자부한다. 하지만 사람 욕심이 서 있으면 앉고 싶고 앉으면 눕고 싶은지라 지금의 현실에 만족하지 못하고 더 높은 곳을 바라보며 하루하루를 살아가고 있다.

이쯤 되니 인생의 요령이랄까? 아무도 가르쳐주지 않지만 살면서 스스로 터득한 인생 노하우를 하나씩 만들어 나가고 있다. 매 순간의 선택들이 모여 하루하루를 만들어가고 그 하루들이 모여 한 달, 1년, 10년이라는 인생이 만들어진다.

어찌 보면 당연한 이치인데 어렸을 땐 정말 몰랐다. 어릴 적 나에게 시간은 늘 남아도는 것이었고, 아무렇게 써도 늘 지연적으로 생겨나는 하찮은 것이었다.

난 언제나 젊고 멋진 모습으로 살아갈 줄 알았다. 하지만 시간은 누구에게나 공평했고 난 그 시간을 잘 활용하지 못한 죄로 지금의 현실에서 두 배로 벌받고 있다. 날마다 늦게 야근하며 업무에 대한 새로운 추세와 더 다양한 지식을 쌓으려 새벽부터 늦은 밤까지 휴가 한번 쓰지 못하고 공부한다.

늘 하는 농담인데 젊은 시절 이렇게 공부했으면 아마 서울대에 갔을 것 같다. 그래도 난 이런 깨달음을 얻어 다행이라 생각한다. 내 주변에는 아직 잘못된 선택을 반복적으로 하다 보니 삶이 점점 깊은 수렁으로 빠져들어 헤어 나오지 못해 힘겹게 살아가는 사람들을 심심치 않게 마주한다.

때로는 도움의 손길을 요청하는 사람에게는 내가 할 수 있는 한도 내에서 도움을 주고 그 이상은 절대로 넘어가지 않는다

살면서 깨달은 중요한 것 중 하나는 '사람 절대 변하지 않는다'라는 것이다. 앞에서 언급한 성공적인 삶의 공식을 아직도 모른 채 지내는 사람들이 대부분이며 시간이 갈수록 그들과의 격차가 벌어지는 것을 나는 느낀다.

인생을 기나긴 운동경기에 비유하자면 아마추어들이 소속된 생활체육이 있고, 프로들이 소속된 프로구단이 있을 것이다. 오랜 기간 연습을 통해 실력과 내공이 쌓이면 프로가 되는 것이고, 남들이 하는 만큼만 노력하고 한계를 벗어나지 못하면 결국 아마추어로 남게 되는 것이다. 씨름선수 출신 국민 MC 강호동 씨가 어느 프로그램에서 말했다.

> *"아마추어는 걱정하는 대로 되고*
> *프로는 상상하는 대로 된다"*

나도 이 말의 의미를 이제는 조금 알 것 같다.
내 인생에 아마추어 같은 삶을 살 것인지 프로 같은 삶을 살 것인지 결국 내가 선택하는 것이다.

no.43
성진우

❑ 소개
1. 인카금융서비스 FC
2. 연세대학교 신촌캠퍼스 경영학과 졸업
3. 전 미래에셋금융서비스 팀장
4. 전 광고 대행사 AE
5. 전 KAPCO 사원
6. 전 리치앤코 (현 굿리치) 보험설계사
7. 닉네임: 엘리트 설계사

❑ 연락처
1. 네이버 검색: 성진우
2. 핸드폰: 010-9254-0133

버티면 역습의 때는 온다

 나는 대학교에 다니던 시절 완전한 한량이었다. 심지어 사주에도 한량 사주라고 되어있으니 말 다 했다. 예전에는, 이 시절에 대한 후회가 남기도 하고 아쉽기도 했지만, 어쩌겠는가. 이미 지나간 시간인 것을.
 누군가는 이 때문에 나의 팔자가 꼬였다고 할 수도 있고 누군가는 나를 비웃을 수도 있을 것이다. 하지만 한 가지 당당하게 말할 수 있는 사실은, 그 시절이 있었기 때문에 나는 미래를 향해 크게 한 걸음을 내디딜 수 있었다는 사실이다.

 사실 그 시절을 반추하면, 너무나도 즐거운 시간이었던 동시에 끔찍한 시간이었던 것은 맞다. 미래에 대한 걱정과 불안, 누가 봐도 한심했던 내 상황에서 기인하는 열등감과 분노까지. 나 스스로가 생각하기에도 '과연 나에게 미래가 있기는 한 것인가?'하는 불안이 무척 컸다.

 사실 소위 SKY 라인을 졸업한다는 것은 최소 중견 회사에는 취업할 수 있는 취업 보장 수표와도 같다. 하지만, 이 안에서도 대기업을 가기 위해선 개인의 노력이 많이 요구된다. 물론, 최소한의 노력만 한다면 다른 사람들에 비해 많이 유리한 처지에 있는 것은 당연한 사실이다. 하지만 그 최소한의 노력마저 하지 않은 사람에게는 정말 큰 지옥이 열리게 된다.

  실정은 전혀 그렇지 않음에도, '연세대까지 나왔으면 사짜로 끝나는 직업은 아니더라도, 대기업에 준하는 회사를 당연한 것이 아닌가?' 하는 압박감은 정말 상상 이상의 부담이 된다. 뒤늦게 그것을 위해 노력을 한다고 하더라도, 이미 골든타임을 놓친 사람에겐 뾰족한 수가 없다. 그래서 나는 놀았다. 더욱 신명 나게.
  요즘 말로 '어차피 답이 없는데, 여기서 뭘 어떻게 하냐! 하고 싶은 것들이나 마음껏 하자.' 이런 자포자기식 심경이었다. 한 가지 안타까운 사실은 노는 것은 너무나 내 적성에 맞았고, 취준생이란 타이틀 뒤에 숨어 취미이자 특기인 노는 것을 몇 년을 하면서도 도무지 지치지를 않았다.

  그렇게 한량처럼 살던 시간이 이어졌고, 문득 심각한 상황이 된 것은 아닌지 걱정이 불현듯 들긴 했다. 그때 선택한 것은, 보험설계사였다. 보험설계사를 선택한 큰 이유는 당시 보험설계사를 하는 친구가 무척 편하게 사는 것 같았기 때문이다. 친구들이랑 놀다 보면 그들이 계약을 해주고, 노는 것이 곧 소득이 된다고? 이런 말도 안 되는 일이 어디 있는가.

이렇게 보험 영업과 나의 긴 인연이 시작됐다. 그리고 주변에서 말하던 '사짜 직업'에다가 '금융권 회사'이지 않은가?

처음엔 내가 생각했던 그대로의 일이었다. 하지만 나는 한 가지 너무도 당연한 일을 간과했다. 처음에는 지인들의 도움을 많이 받지만, 그 지인들이 끝나면 밥 먹고 살기도 힘들어진다는 것. 그렇게 새로운 지인을 만들기 위해 부단하게 더 놀면서 밑 빠진 독에 물을 붓듯이 여기저기 돈을 쓰고 다녔으나, 이것은 말 그대로 소비를 위한 소비가 되었고, 나의 도전 1막은 처참한 실패로 끝났다.

그렇게 보험을 부업으로 놓고, 다양한 업무를 하면서도 이상하게도 마음 한구석에 보험과 영업에 대한 열망은 계속 꿈틀거렸다. 그것을 위한 것은 딱히 아니었지만 나는 틈틈이 네트워킹을 즐겼고, 그 과정에서 국내 최고의 조직 중 하나에 리크루트 되어서 성공적으로 자리를 잡을 수 있었다.

물론 아직 쟁쟁한 선배들에 비해 나는 한참 갈 길이 멀다. 하지만 적어도 이리 구르고 저리 구르며 근성과 경험으로 무장한 나는 날아오를 것이다. 하늘 높이. 오랜 세월 웅크리고 있던 것은, 이를 위한 추진력을 얻기 위함이었다.

no.44

도복순

🗅 소개

現 (사)한국코치협회 전문코치(KSC00119)
現 국제코치훈련원 KAC인증 심사위원
現 (사)한국코치협회 평생회원
現 (사)한국공익코칭협회 평생회원
現 (사)대한난독증 학습장애지도강사
前 도파라 코칭·상담연구소 대표
前 충남-초등학교 교사
前 지역아동센터 방과후교사
前 아산시다문화센터 한국어전문강사
前 ㈜한국상업은행 은행원

🗅 연락처

1. 이메일: doh1256@naver.com
2. 블로그: https://blog.naver.com/doh1256

산전수전의 삶이 가르쳐 준 지혜

"산전수전 다 겪었다"라는 말은 흔히 쓰이는 표현이다. 하지만 그 말은 단순한 어려움을 넘어 인생의 온갖 굴곡과 배움을 담고 있다. 내 인생을 돌아볼 때마다, 산전수전이라는 말만큼 이 여정을 잘 표현하는 말이 없다고 생각한다. 내 산전수전은 고난이 아니라 사랑, 성장, 깨달음도 함께 했다.

내 인생의 산전수전을 이야기할 때 가장 미음 깊은 곳에서부터 떠오르는 건 큰아들 이야기다. 큰아들이 태어난 건 정말 기쁘고 축복된 일이었지만, 당시 시댁의 어려운 형편은 그 기쁨을 오래 누릴 여유를 주지 않았다. 없는 집안의 장손으로 태어난 큰아들은 시골 시가에서 백일 잔치가 끝나자마자 할머니들과 함께 지내게 되었다. 그 선택은 어쩔 수 없는 상황에서 내려진 것이었지만, 큰아들과 떨어져 지냈던 그 6년은 나와 아이 모두에게 큰 상처를 남겼다. 큰아들은 부모의 품에서 자라지 못한 후유증으로 고등학생 때 우울증을 겪었고, 그 모습을 보며 나는 죄책감에 시달렸다.

'그때 이혼하고 큰아들과 함께 살았으면 어땠을까?', '그때 왜 큰아들한테 더 잘하지 못했을까? 하는 마음이 나를 괴롭히던 시절, 나도 건강을 잃고 결국 몇 년 후 혈액암 진단을 받게 되었다. 아이와 엄마가 각자의 방식으로 고통을 겪었던 그 시간은 내게 큰 깨달음을 주었다.

그런 내게 새로운 길을 열어준 건 바로 코칭이었다. 처음 코칭을 접한 순간, 나는 그 매력에 빠졌다. 코칭은 과거에 얽매이지 않고 현재와 미래를 향해 나아가게 하는 힘을 갖고 있다. 특히 나 자신을 돌아보게 해주면서, 관계의 변화를 불러오는 실질적인 도구가 되어주었다.

그렇게 나는 코칭 공부를 시작했고, 가족들과 주변 사람들에게 코칭을 적용하면서 작은 변화를 만들어가기 시작했다. 그러면서 이 길을 더 깊이 있게 파보고 싶다는 생각이 들었고, 마침내 KPC(Professional Coach) 자격증을 따게 되었다. 코칭은 내 삶에 새 희망을 주었고, 내가 다른 사람들에게도 희망을 전할 수 있는 도구가 되었다.

KSC(Korea Supervision Coach) 자격증에 도전한 건 또 하나의 산전수전이었다. 특히 오른쪽 눈에 인공수정체를 삽입한 시각장애인으로서 올해 70세가 된 나에게 KSC 자격증 취득은 단순히 자격을 넘어선 의미가 있다. 내 삶과 코칭 여정을 총망라한 결과물이며, 앞으로 더 큰 사회적 가치를 창출하고 싶다는 새로운 다짐의 출발점이다. 코칭의 최고 자격증이라고 불리는 이 자격을 얻기 위해서는 높은 실력, 시간, 경제적 투자가 필요했고 그 과정을 통해 많은 것을 배웠다.

특히 내 KSC 인증번호인 '00119'는 내게 특별한 의미가 있다. 숫자 119를 보자마자 **응급구조대**가 떠올랐기 때문이다. 그때 나는 깨달았다. "내가, 이 자격증을 통해 마음의 응급상황에 처한 사람들에게 구조대 역할을 해야겠구나." 사람들이 절망에 빠져 있을 때, 한 줄기 희망의 빛을 비추는 코치로 살아가는 것이 나의 사명이라는 생각이 들었다.

돌아보면, 인생의 산전수전은 나를 넘어지게 하기도 했지만 결국에는 나를 더 단단하게 만들었다. 큰아들의 우울증, 나의 암 투병, 그리고 KSC 자격증 취득의 어려움 까지, 이 모든 과정이 지금의 나를 있게 했다.

나는 이제 **시니어 공익 코칭**이라는 새로운 여정을 시작하려고 한다. 나처럼 삶의 무게에 짓눌린 사람들에게 작은 희망을 주고, 시니어들이 자신의 가능성을 다시 발견할 수 있도록 돕는 코치로 살고 싶다. '**마음 구조대 119**' 이것이 내가 앞으로 걸어가고자 하는 길이다.

산전수전이란 말, 가만히 보면 참 따뜻하고도 힘 있는 말이다. 그 안에는 우리의 눈물과 웃음, 실패와 성공, 그리고 사랑과 깨달음이 모두 담겨 있다. 나는 앞으로도 내 산전수전 이야기를 통해 많은 사람과 공감하고, 그들에게 용기와 희망을 전하고 싶다. "여러분, 지금 어렵고 힘든 시간을 보내고 계시나요? 우리 함께 그 시간을 넘어설 수 있을 거예요. 산전수전을 다 겪고 나면, 그 자리에 꽃이 핀다는 걸 믿어요."

나의 글이 산전수전을 겪고 계신 여러분께 작은 위로와 희망의 불씨가 되었으면 하는 바람이다. ♡

no.45

김미례

❏ 소개
1. 컬러 n 브레인 연구소 대표
2. 폴리텍V대학교 산학협력단 강사
3. 산림청 공인 산림치유지도사, 국가공인 브레인트레이너
   뇌교육지도사, 요가지도자
4. 현) 한국색채심리분석연구소 마스터 강사,
   전) 교통문화연수원 전문강사
5. 중앙공무원교육원, 전북선관위 등 관공서 및 기업체 강의 다수
   - 고객만족경영, 프리젠테이션기법, 조직 커뮤니케이션, 직업윤리
   - 뇌과학, 명상, 요가, 색채심리 등 각 종 심리정서지원 프로그램

❏ 연락처
전화: 010-7589-9276

가족, 우리들의 봄날

'아... 이 모든 괴로움을 또다시...'

아직 세상에 대한 가치관이 제대로 자리 잡지 않고 항상 마음의 미열로 표류하던 고교 시절, 가슴 늑막 사이로 훅 들어온 문장이다. 산전수전이라는 제목을 듣자마자 떠오른 건 1960년대의 혼란기에 독일로 유학하러 가서 불꽃처럼 살다 간 전혜린의 저서 제목이었다.

마흔한 살에 낳은 아이가 아토피로 잠을 못 자던 시절, 해 가질 무렵이면 마음 깊은 곳에서 파르르한 떨림과 함께 떠오르는 이 구절이 자꾸 되뇌여지며 어둑해지는 저녁 빛이 정말 두려웠다. 아이가 가렵다고 마구 긁으면 진물과 피떡이 지고, 낳아도 피부가 거북이 등처럼 경화된다. 나는 항상 아이를 지켜보며 손이 움직이는 곳으로 미리 여러 번 크림을 덧바르고 밤새 손바닥으로 문질러 주었다.

그래도 긁는 건 괜찮았다. 아이는 가려움에 뒤척이면서 설잠으로도 잠은 잘 잤다. 하지만 한밤중에 과면역 반응이 심해져 콧속이 붓고 숨쉬기가 힘들어지면 너무 괴로워 마구 울어댔다. 얼른 들쳐 업고 응급실로 달려가거나 추운 베란다에서 업은 채로 둥가둥가 해가며 달래다 보면 동이 트기 일쑤였다.

해가 뜰 무렵에야 아이가 겨우 잠들고 나도 잠시 눈을 붙였다. 그러면 잠결에 아이 울음을 들으셨던 친정어머님은 고생하는 외동딸이 안쓰러워 방문을 살짝 열고 아이와 내 등을 두어 번 쓰담쓰담 쓰다듬어 주시고 나가셨다.

두 부모님이 다 돌아가시고 안 계신 지금 귀여운 손자에 대한 기쁨과 딸의 노고를 안타까워하시던 모습이 사무치게 떠오르며 두 분의 삶이 영화의 한 장면처럼 오버랩된다. 고등공민학교에서 가난한 학생들을 가르치시기도 했던 아버님은 1976년 갑자기 친구인 전북대 교수와 연루되어 반공법의 누명을 쓰고 억울한 옥살이를 8년이나 하셨다. 광주교도소에서 푸른 수의를 입은 아버님을 면회하고 돌아오던 버스에서 어머님의 침통한 표정과 침묵이 어린 마음에도 너무 무겁고 슬퍼 보였던 게 떠올라 지금도 눈시울이 적셔진다.

아버님이 운영하시던 국수 공장도 문을 닫게 되었다. 어머님은 한창 보살핌이 필요한 올망졸망 오 남매와 남편 옥살이 뒷바라지를 홀로 감당하셔야 했다. 아버님은 출소 후 어머님이 어렵게 가정을 지켜준 게 고맙고 자녀들도 고생시킨 걸 늘 미안해하셨다. 다행히 아버님은 과거 진실 규명으로 무죄를 판명받고 국가로부터 보상도 받으셨다. 그 후 몇 년 안 되어 담관암으로 6개월 시한부 판정을 받았고 설상가상으로 4개월 만에 어머님도 급성 위암으로 진단받으셨다. 육아 휴직 기간이 끝나 출근한 지 얼마 안 되었지만, 다시 간병 휴직을 냈다.

두 부모님을 한 병실에 입원시키고 아이와 함께 병원 생활을 하며 간절하게 매달렸지만 2달 만에 너무도 허망하게 돌아가셨다. 나는 슬퍼할 새도 없이 담관암 말기 아버님을 집으로 모셨다. 돌아가시기 전까지 중국, 인도여행, 회고록을 쓰시며 함께 한 날들은 년은 내 어린 시절 아버지의 부재로 인한 결핍을 메워주는 시간이기도 했다.

이즈음 아이의 아토피도 여전히 심했고 나도 허리 디스크로 온갖 건강식품과 의료기에 의지하며 겨우 버티던 시절이었지만 가족 건강을 지켜내려면 내가 알아야겠다는 신념으로 대학원 자연건강학과에 진학하여 석사과정까지 마쳤다. 마침내 유치원, 초등학교도 유기농 도시락을 싸 보내야 했던 아이는 언제 아토피를 앓았나 싶게 훌쩍 자라 이제는 키 180cm, 먹는 것도 가리지 않고 피부도 매끈해졌다.

하루하루 노심초사했던 체력과 아토피로 친구들과 구별되며 느꼈을 힘든 정서들도 하나하나 극복해 가며 잘 지나왔다, 연이은 시어머님의 뇌경색과 이별 등 많은 어려움과 고비를 겪은 남편도 말로 다할 수 없는 녹녹치 않은 시절들을 잘 견뎌주었다. 내 아이에겐 좀 더 나은 교육 환경을 주려 애쓰는 남편과 이젠 함께 고전을 논할 정도로 성장한 아이와의 사소한 투닥거림으로 보내는 일상이 한없이 소중하다.

삶의 위기와 갈림길에서 가족을 최우선해 온 여정, 강사 자리를 내려놓고 육아에 올인했던 시간, 직장을 그만두고 부모님과 함께한 소중한 추억, 가정을 위한 기도문에 따른 노력이 귀한 결실이 되었다. 아버님의 애창곡 '봄날은 간다'를 나지막히 불러본다. 하나의 환한 봄날을 맞이한다.

no.46

용은정

❏ 소개
1. 제주홍자매농장 대표
2. 보험설계사
3. 닉네임: 룰루맘

❏ 연락처
1. 네이버: 제주홍자매농장 검색
2. 인스타: 제주홍자매농장 검색

감당할 수 있는 시련

눈앞이 뿌옇다. 알 수 없는 소음과 이상한 감각들이 낯설게 느껴졌다. 차츰 선명히 보이기 시작했을 때 내가 중환자실에 있다는 것을 알게 되었다. 내 몸통이 통나무처럼 움직일 수가 없었다. '어? 내 몸이 왜 이러지?' 잠깐의 사고 회로 정지와 동시에 마지막 기억이 떠올랐다.

나는 평소와 다름없이 펜션 청소 일을 하러 가기 위해 운전을 하고 있었다. 눈을 깜빡였다. 다시 눈을 깜빡였을 때 "괜찮아요?"라는 말이 들렸다. 그리고 허리가 너무 아프다는 생각과 차에서 어서 내려야 한다는 생각만 들었다. 그렇다. 나의 졸음운전으로 인해 오전 11시경 4중 추돌사고가 났다. 나의 허리는 부러졌다. 정확히 말하면 네모난 허리뼈 조각이 세모난 허리 뼈로 눌린 압박골절이었다. 불행 중 다행이었던 건 고속도로가 아닌 50km/h 정도 주행 도로였기에 1차선 정차 중이던 피해자들은 가벼운 부상에 그쳤다. 나는 차들에 부딪히며 튕겨 나가 인도의 가드레일에 부딪혀 사고가 났다.

당시의 기억은 사진처럼 남아있다. 나를 살펴주신 지나가던 시민분, 응급실로 침대에 실려 가며 보인 중증 외상응급실 간판, 응급실 입구에서 울며 나를 바라본 가족들, 그리고 다시 눈을 떴을 때 나는 중환자실이었다. 엉덩이부터 어깨까지 내 몸통은 살짝도 움직이지 못할 정도로 통증이 심했다. 허리에 힘을 주지 못하니 배변도 스스로 할 수 없어 관장이 잘되지 않아 결국 난 2일째 저녁부터 음식을 거부했다. 수술하기까지 며칠을 기다려야 했고 하루 4~5번의 엑스레이를 찍어야 했다. 왼쪽 오른쪽 몸통을 남자 간호사님들의 도움을 받아 돌려가며 찍을 때마다 허리에 힘을 주지 못하여 척추 양옆의 등 근육 경련이 심하게 일어났다. 고통이 나를 집어삼키는 듯했다. 산통의 고통이라 표현하면 이해가 될까? 참고로 난 두 딸 모두를 자연 분만했다.

수술하기로 하던 날 하필 고열이 나면서 수술은 3일 뒤로 연기되었다. 너무나 절망적인 순간이었다. 병원 안은 하얀 전쟁터였다. 어떤 침대에서는 발, 다리가 절단되어 움직일 때마다 비명으로 고통을 호소하는 환자도 있었고 의식불명인 노인의 방치가 있었다. 사실 허리 골절 사고 2년 전에 목 디스크가 터져 수술을 한 적이 있는데 그때의 끔찍한 경험이 다시 시작된 것이다.

나는 목 디스크, 허리 골절로 몸으로 하는 일은 할 수 없는 사람이 되었다. 그동안 식당 운영, 대리운전, 농산물 판매, 펜션 운영하며 돈을 벌었었는데 포기해야 하는 순간이 온 것이다. 남편과 사별 후 혼자 아이 둘을 키우며 열심히 살았지만 결국 내게 인생의 네 번째 시련이 왔다. *'하늘은 인간이 감당할 수 있는 시련만 준다.'* 시련이 올 때마다 이 문구가 떠올랐다. 힘들 때면 난 울부짖었다. '내가 감당할 수 있는 시련이 맞나요? 신이 실수할 수도 있지 않나요? 아니면 내가 어디까지 이겨내는지 시험하시는 건가요?'

나는 하나님도 부처님도 믿지 않지만 신은 있다고 생각했다. 누가 이런 망언을 하였는가 검색해 보니 하나님 말씀이다. '이런 젠장, 내가 이럴 줄 알았어. 시련을 감당하지 못하는 자들은 용서받지 못할 극단적 선택을 하는 것이 아니야?' 하나님 말씀이건 나발이건 그게 무슨 상관이겠는가..

내가 살면서 생각보다 많은 산전수전을 겪으면서 깨달은 것이 있다. 괴로워하고 절망, 좌절에 갇혀있는 것보다 해결하고자 노력해 보는 것이 차라리 견디기 낫다는 사실이다.

내게는 너무도 사랑스러운 두 딸을 보내주었으니, 시련도 같이 왔을 것이라는 생각으로 네 번째 고비를 이겨내고 몸으로 하는 일이 아닌 마음으로 하는 일을 준비하고 있다. 올해 난 3가지 설계사 자격증을 취득했다. 네 번째 고비였던 교통사고로 건강은 잃었지만, 보험금으로 재활하는 시간을 벌 수 있었고 치료받을 수 있었다. 힘든 시련에 보험은 나를 이겨낼 수 있는 힘을 주었다.

보험이란 만약을 대비하여 힘든 시간을 좀 더 잘 이겨낼 수 있게 도와준다는 것을 아프면서 많이 깨달았다. 그래서 공부도 많이 하고 있다. 제대로 공부해서 고객에게 도움이 되는 설계사가 되고 싶다. 꼭 필요한 보험을 설계해 드리고 보험금도 잘 받으실 수 있게 도와드리고 싶다. 사실 난 지금 다섯 번째 고비에 직면해 있다. 언제나 그랬듯 다 지나가리라.

no.47

김성윤

❑ 소개
1. (주) 프롬마벨 이사
2. 유닛스튜디오 포토그래퍼
3. 방송프로그램 사진 촬영 다수
4. 기업 전문 촬영 다수

존재의 부재의 현재

내가 만 10세가 되기도 전에 아버지가 죽었다. 그날은 평소와 크게 다르지 않았다. 웃고 떠들고 놀기에 바빴으니까.

어린 시절, 죽음이란 단어는 그저 사전 속 의미에 불과했다. 하지만 그날, 생각지도 못하게 죽음이라는 차가운 현실과 마주하게 되었다. 갑작스러운 부고 소식은 우리 가족의 일상을 산산조각 내버렸다. 특히 내게는 가장 사랑하는 존재, 아버지의 상실이었다.

병원 장례식장. 하얀 벽과 차가운 조명, 그리고 소독약 냄새가 가득한 그곳에서 나는 이상하리만치 웃고 떠들었다. 지금 생각해 보면 그것은 현실을 부정하고자 하는 어린 영혼의 필사적인 몸부림이었다. 검은 옷을 입은 조문객들 사이에서, 나는 마치 연극을 보는 것처럼 모든 상황을 비현실적으로 받아들였다. 아버지가 누워계신 영안실로 향하는 발걸음은 무거웠고, 결국 나는 그곳으로 가는 것을 피했다.

　어머니의 울음소리가 장례식장 복도를 타고 흘러나올 때마다, 나는 귀를 막았다. 어머니의 절망을 알면서도, 그 감정에 동참하는 순간 아버지의 죽음을 인정하게 되어 가장 큰 존재의 부재로 인한 나의 무너짐을 안 나의 본능이었다.

　이른 '죽음'이라는 경험은 나를 시간이 흐르며 점점 더 냉소적인 사람으로 만들었다. 감정을 드러내는 것이 두려웠고, 누군가와 깊은 관계를 맺는 것도 피했다. 언젠가 또다시 사랑하는 사람이 내 옆에서 없어지게 될 것이 뻔하므로.

　하지만 이제야 깨닫는다. 그때의 나는 단지 아버지의 부재를 받아들일 준비가 되지 않은 어린아이였을 뿐이라는 것을. 웃고 떠들며 현실을 외면했던 것도, 어머니의 슬픔을 외면했던 것도, 모두 상실의 고통으로부터 나를 지키기 위한 본능적인 방어기제였다는 것을.

　죽음은 삶의 자연스러운 한 부분이다. 하지만 사랑하는 이의 죽음을 마주하는 것은 언제나 고통스럽다. 특히 어린 나이에 겪은 상실의 경험은 오랫동안 내 삶에 영향을 미쳤다. 냉소적인 태도로 세상과 거리를 두었던 것도, 어쩌면 그 상처로

부터 나를 보호하려는 방법이었을 것이다.

이제는 안다. 아버지의 부재를 인정하지 않으려 했던 그 시절의 나를 이해하고, 그 아픔을 있는 그대로 받아들여야 한다는 것을. 그것이 진정한 성장이고, 아버지를 향한 사랑을 더 깊이 이해하는 방법이라는 것을.

지금의 나는 조금씩 변화하고 있다. 더 이상 감정을 숨기지 않으려 노력하고, 관계의 소중함도 조금씩 깨달아가고 있다. 아버지의 부재는 여전히 내 안에 커다란 구멍으로 남아있지만, 이제는 그 구멍을 통해 더 넓은 세상을 바라볼 수 있게 되었다.

아버지의 갑작스러운 이별은 내게 큰 상처였지만, 동시에 삶의 소중함을 일깨워준 특별한 경험이 되었다. 이제 나는 그때의 어린 나를 따뜻하게 안아주며, 새로운 시작을 향해 한 걸음씩 나아가고 있다.

그날은 평소와 다른 날임을 이제야 안다.

no.48

안재경

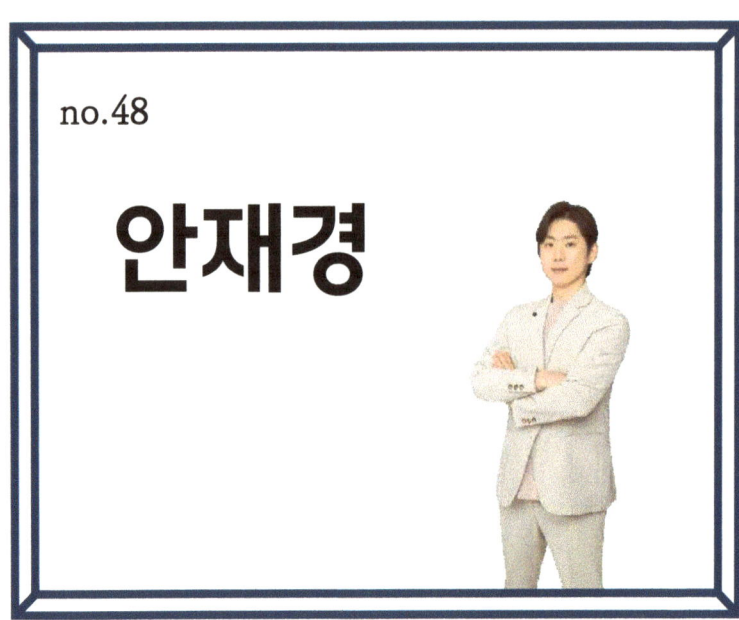

❏ **소개**

1. 유닛스튜디오 대표
2. 마벨꾸띠끄 대표
3. 프롬마벨 사내이사
4. Assorti 정립자

❏ **연락처**

1. 인스타: think_star_
2. 사이트: unit-st.com
   www.mabellegguttique.shop

뜨거움 뒤에 차가움

특별히 꼭 하고 싶은 게 정해져 있지 않던 내가, 지금은 사진이라는 한 가지를 20년 동안 해오고 있다. 가장 뜨거운 열정을 가지고 있었지만, 가장 차갑게 식었던 이야기를 해보려 한다. 사진과의 여정은 아무런 방향도 없이 시작되었다가, 여러 차례 멈추고 다시 시작되는 경험의 연속이었다.

고등학교를 안앙네고 사진과로 입학하며 시작된 사진과의 인연은 대학교 진학으로 이어졌다. 군대에서 들려오는 친구들의 소식은 나를 초조하게 만들었고 나는 전역 후 유학이라는 목표를 세웠다. 유학 자금을 만들기 위해 평일에는 쇼핑몰 사진 촬영, 주말에는 사진관에서, 그리고 새벽 5시부터 7시까지는 세탁소 세탁물 수거 일을 하며 돈을 모았다.

유학을 떠나며 '난 이제 한국에 오지 않겠다'라고 다짐했고, 집에서 어떠한 금전적 도움도 받지 않겠다고 결심했다. 일본에 도착한 나는 새로운 환경 속에서 낯설고 불안했다. 왜 유학이라는 선택을 했는지 당시에는 잘 몰랐지만, 지금 생각해 보면 친구들보다 뒤처져 있다는 초조함과 해외 생활에 대한 막연한 기대감이 컸던 것 같다. 군대 생활 당시에는 세상이 멈춘 듯한 느낌을 받았지만, 그 정지된 시간 속에서 내가 얼마나 성장했는지는 몰랐다.

일본에 도착했을 때, 엔화가 1,500원대에 달하던 시절이라 계획은 어긋나기 시작했다. 생활비가 바닥나며 급히 일을 구해야 했고, 일본어가 서툰 나는 알바로 신문 배달을 선택할 수밖에 없었다. 새벽에 출근해서 아침에 끝나는 일정은 몸을 지치게 했고, 일본어 실력은 전혀 늘지 않았다.

어느 날, 비가 많이 오는 날이었다. 빗길에서 자전거와 함께 넘어지며 신문 일부가 젖었다. 이미 배달 시간은 한참 지났고 '내가 무엇을 하려고 여기 있는 걸까?'라는 생각이 들며 도로에 주저앉아 멍하게 있다가 다시 배달을 시작했다.

그러던 중, 신문을 기다리며 문 앞에 나와 있던 한 일본 할머니께서 젖은 신문을 배달하던 나에게 바나나와 따뜻한 음료를 건네주셨다. 그분의 말투와 눈빛은 내게 큰 위로가 되었다. 그때 사장님의 전화가 울려왔고, "돌아오라"라는 말을 듣고 영업소로 향했다. 영업소에 도착하니 전 직원이 기다리고 있었다. 그들은 나의 물량을 나누어 배달하며, "괜찮다"라는 말로 나를 위로했다. 나는 너무 미안하고 고마운 마음에 눈물을 흘렸다. 그들의 배려는 일본 생활의 전환점이 되었고, 이후 나는 더 열심히 생활하며 적응해 나가기 시작했다.

그러던 중, 후쿠시마 원전 사고를 동반한 일본 대지진이 발생했다. 대피소로 이동했고, 인터넷과 전화가 끊긴 상황에서 가족들은 내가 죽은 줄로만 알았다. 당장 들어오라는 가족의 의견에 한국으로 돌아왔다. 2년간 준비한 시간과 돈, 힘들게 얻은 일본 생활이 한순간에 사라졌다.

하지만 포기하고 싶지 않았고 짐을 챙기러 간다는 핑계로 일본으로 돌아가서 다시 시작해보려 했지만, 방사능 우려와 텅 빈 학교 분위기 속에서 결국 한국으로 돌아왔다. 가장 뜨거운 열정을 가지고 떠났던 일본 유학길이 가장 차갑게 식어버린 채 끝나버렸다.

한국으로 돌아온 후 한동안 무기력했다. 그러던 중 누나가 "뭘 하든 카메라는 필요하지 않겠냐?"라며 중고 카메라를 사주었고, 먼지를 털고 닦으며 오랜만에 집중이라는 것을 하게 되었다. 매일 카메라를 정비하고, 아침이면 들고 나갔다. 그러니 주변 환경이 달라지고 새로운 호기심이 생겨났다. 그렇게 나는 다시 사진으로 돌아왔고, 어느덧 스튜디오를 운영한 지 10년이 넘은 지금, 큰 꿈을 가진 삶을 살고 있다.

내 삶에 산전수전이 많았는지는 모르겠다. 하지만 뜨거웠던 열정과 깊었던 감정의 변화 속에서 성장했다. 지금도 언제 어떤 사건이 생길지 모르지만, 이제는 두렵지 않다. 내가 중심을 잘 잡고 있다면 언제든 다시 도약할 수 있다는 확신이 있기 때문이다.

no.49

이연주

❏ 소개
1. 마벨꾸띠끄 대표원장
2. 비주얼크리에이터협회장
3. 프롬마벨 대표
4. 미스코리아 심사위원
5. MBC아카데미 교육강사
6. LBI럭셔리 브랜드 그루밍강사
7. 제이아트 영화팀 팀장
8. MBC미술센터 (분장, 미용)

❏ 연락처
1. 블로그: https://blog.naver.com/mabelle_s
2. 인스타: eon_blue__
3. 유튜브: 마벨꾸띠끄

15살의 꿈

　15살에 나는 메이크업 아티스트가 되기로 마음을 먹었고, 그때부터 나의 긴 여정이 시작되었다. 고향 대구에서 중학생이 큰 메이크업 가방을 들고 학원에 다니며 매일 배움을 이어갔다. 학원을 가는 일은 즐겁고 행복했으며, 더 성장하고 싶은 열망은 나를 끊임없이 움직이게 했다. 고등학생이 된 이후에도 나는 평일에는 학교와 학원을 병행했고, 주말에는 뮤지컬 분장과 웨딩샵 스태프로 일하며 꿈을 키워갔다.

　대학교 졸업 후 21살에 서울로 올라왔고, MBC 미술센터 분장팀에서 일하며 새로운 도전을 시작했다. 방송국, 영화팀, 웨딩샵, 무대 분장, 특수 분장 등 다양한 분야를 경험하며 누구보다 열심히 기술을 익혔다. 그러나 직업 특성상 열정페이가 당연시되던 시절이었고, 부모님의 도움 없이는 서울에서 살아가는 것조차 버거운 현실을 마주해야 했다. 월세, 생활비, 핸드폰 요금까지 모두 부모님께 의존해야 했고, 이로 인해 쉬는 날조차 마음이 불편했다. 나는 더 열심히 하면 나아질 것이라는 희망으로 궂은일도 가리지 않았지만, 오히려 더 많은 일을 하는 것이 당연한 사람처럼 여겨졌다.

  26살에 팀장이 되었지만, 큰 차이가 없는 페이와 프로젝트가 밀리거나 촬영이 취소되는 상황 속에서 조바심이 들었다. 이대로 있다가는 꿈만 꾸다 끝날 것 같았고, 내가 스스로 선택할 수 있는 일을 하고 싶었다. 그렇게 나는 프리랜서로 전향해 홀로서기를 시작했다.
  새벽 5시에 일어나 구인 사이트를 새로고침하며 일거리를 찾아 한 달의 스케줄을 채웠다. 3만 원, 5만 원, 10만 원짜리 일들을 가리지 않고 맡으며 하루도 쉬지 않고 일했다. 그렇게 몇 달이 지나 팀장 시절 받았던 월급을 넘어섰고, 일하는 것 자체가 즐거웠다.

  한 달에 500만 원을 벌겠다는 목표를 세우고, 어느새 목표를 달성했을 때는 허무함과 함께 불안함이 찾아왔다. 이번 달 수입은 좋았지만, 다음 달은 어떻게 될지 모른다는 불안감에 더 악착같이 스케줄을 채웠다. 이틀 밤을 새우고 인천에서 서울로 운전하며 위험한 순간들을 마주하던 어느 날, 이 생활이 언제까지 가능할지 고민하게 되었다. 일을 찾는 사람이 아니라, 사람들이 나를 찾게 만들어야겠다는 생각이 들었다.

  결국 하루를 이틀처럼 보내며 한 달에 천만 원을 벌었고, 28살에 샵을 오픈하기로 결심했다. 한 달에 천만 원을 벌어도 불안함은 사라지지 않아 생활비를 100만 원으로 줄이고 나머지는 모두 모았다. 그렇게 모은 돈과 집 보증금을 합쳐 샵을 오픈했다. 망해도 다시 시작할 수 있다는 마음으로 도전했으며, 월세 500만 원짜리 샵을 오픈한 나를 지금 생각하면 용감했다고 느낀다.

 샵을 오픈한 후에도 여전히 외부에서 돈을 벌어 월세를 냈다. 다행히 외부에서 알게 된 고객들과 모델들이 샵으로 찾아오기 시작했고, 이들의 소개로 점점 자리를 잡아갔다. 거래처와 고객들이 늘어나면서 직원도 생기고, 총 3번의 확장을 거치며 샵은 성장했다. 작은 거래처라도 꾸준히 신뢰를 쌓으며 함께 성장했고, 그 결과 비용도 점차 커졌다. 믿음과 신뢰가 가장 중요한 자산임을 다시 한번 깨달았다.

 현재 33살의 나는 또 다른 산전수전을 겪고 있다. 그러나 그 뒤에는 분명 행복이 있다는 것을 알기에 지금의 어려움조차 즐길 수 있다. 인생의 절반 이상을 꿈꾸고 달려온 지금, 앞으로도 어떤 고난이 닥치더라도 준비가 되어 있다. 나의 산전수전은 내 인생의 또 다른 자극이며, 앞으로도 나를 더 성장시키는 원동력이 될 것이다.

no.50

김하주

❏ 소개
1. 우리동네 코칭북카페 운영자
2. 한국코치협회 전문(KPC)코치
3. 버츄프로젝트 FT코치
4. 해봄 사회정서보드게임 및 경제놀이 전문강사
5. 한국가이던스 진행 및 해석전문강사
6. 에니어그램, 프래디저, 버크만코리아 시그니쳐 FT
7. 감성중심 심리상담 및 정서중심 심리코치

❏ 연락처
1. 네이버 : https://cafe.naver.com/planedu
2. 유튜브 : 코치브런치(@52coaching)

삶을 바꾸는 인생 코칭

"이봐~나그네! 왜 이렇게 열이 오른 거야?" 씩씩, "아니 날씨가 왜 이 모양인지 한바탕 전쟁을 치른 듯 힘이 다 빠졌지 뭐예요." "대체 무슨 일이 있었던 거야?" "맑은 하늘에 날벼락이" 붉그락푸르락 열 오른 나그네의 이야기다.

해는 룰라랄라 콧노래를 부르는데 구름은 뜬금없이 "해야, 세상에서 누가 가장 힘이 센지 알아? 바로 나야, 나!" "그래, 바람 너야!" 해가 웃으며 말했지. "못 믿겠으면 나랑 내기할래?" 구름이 말했지. "어떤 내기지?" 해가 말했어. 구름이 아래를 바라보며 "저기 걸어가는 나그네의 옷을 먼저 벗기면 이기는 거야?"라고 말하며 입김을 세차게 불어 바람을 일으켰어. 나그네는 갑작스러운 바람에 옷깃을 여며 바람을 막았어요. 바람은 더, 더 세차게 입김을 불어 나그네의 옷을 벗기려 했으나 나그네는 그럴수록 더 꼭꼭 옷깃을 여미었어. 힘이 다 빠진 바람은 "아휴! 나는 더 이상 못해"하며 포기했지. 이번엔 해가 나서며 말했지. "내 차례군! 어떻게 하는지 잘 보렴!" 해는 웃으며 따스한 빛에서 점점 뜨거운 빛을 비추었어요. 나그네는 서서히 옷의 단추를 풀더니 땀을 뻘뻘 흘리며 "날씨가 왜 이리 변덕이야!" 하며 외투를 벗어 던져버렸어. "봤지! 바람아~힘이 세다고 함부로 말하지 마라" 이 말을 들은 바람은 부끄러워 어디론가 사라졌지. 이야기를 마친 나그네의 아직도 얼굴은 붉으락푸르락 씩씩대며 열을 내 뿜고 한숨을 깊게 쉬었다.

인생을 살면서 '나그네'가 한숨을 쉬듯 예기치 않은 산전수전의 경험이 우리의 삶을 바꾸는 **교훈으로** 첫째 **나는 무한한 가능성이 빛나는 존재**, 둘째 **내 문제의 답은 내 안에**, 셋째 **혼자보다 함께 하는 잠재력이 발현될 때** 천차만별의 산전수전에서 우리는 망우보뢰(亡牛補牢)하는 걸림돌이 아닌 망양보뢰(亡羊補牢)하고, 전화위복(轉禍爲福)의 디딤돌로 승승장구(乘勝長驅)의 예방의 갑옷을 입게한다.

'남을 아는 사람은 지혜롭지만
나를 아는 사람은 현명하다.' 노자(도덕경)

나를 아는 현명한 '코치다움으로 첫째 **윤리를 잘 실천하고** 둘째 **자기를 잘 인식하여** 셋째 **자기를 잘 관리하므로** 넷째 **전문성이 발휘**되고 남을 아는 지혜로운 코칭다움으로 첫째 **관계를 잘 구축하고** 둘째 **적극적으로 경청하여** 셋째 **의식이 확장**되어 넷째 **성장하도록 지원하는**(한국코치협회)' **역량**을 잘 장착하여 **예방의 갑옷**을 만드는 실천 코치가 되자!

코칭 대화로 함께 하는 풀꽃님, 반갑습니다. 오늘은 어떤 주제로 대화를 나눠볼까요? 풀꽃 : 저는 살아온 시간을 갈아

엎고 싶어요. 그동안 두서없이 일하다 보니 주변이 어수선하고 벌어진 일들을 급하게 처리하면서 생기는 비용이 어느덧 통장은 바닥나고 대출까지 받아서 메꾸는 힘든 상태예요. 정신적 혼란과 육체적인 피로까지, "에휴~ 다 내던지고 도망치고 싶어요."

"삶을 바꾸는 인생 메소드코칭"으로 출발!'
1코스(별) 나는 온전한 내면에 미덕이 빛나는 존재
2코스(달) 생각지도 마음 만트라 매직큐브
3코스(산) 생명 존중 에코 클로버
4코스(들) 기대와 용기 감정코칭 S-EGROW-T플래너
5코스(바다) '오롯e 공감' 셀프코칭(자극과 반응 사이)

오늘 풀꽃님, 코칭대화 소감은? "산전수전의 걸림돌이 나를 성장시키는 디딤돌이 되어 기대와 용기가 생겼어요."

"와~ 알아차림과 기대와 용기 진심으로 축하, 축하!"

시 '**의지**'를 자주 낭송하면서 만트라처럼 외워버렸죠~

의지가 강한 사람의 단호한 결심을 막거나 방해하거나 통제할 수 있는 기회니 운명이니 숙명이니 하는 것은 없다.
                                                                    -엘라 휠러 윌콕스-

사랑하는 여러분~ '산에 피어도 꽃이고 들에 피어도 꽃이고 들판에 피어도 꽃이고 모두 다 꽃이야. 아무 데나 피어도 생긴대로 피어도 이름 없이 피어도 모두 다 꽃이야. -국악 동요-

꽃들이 햇살과 함께 우리 모두에게 속삭인다. Eyou와 치유

no.51

정규만

□ 소개
1. 청솔건강연구소 대표
2. 사회복지사 1급 자격증
3. 직업상담사 2급 자격증
4. 요양보호사 1급 자격증
5. 컴퓨터활용능력 2급
6. 네이버 블로그 운영 21년
7. 닉네임: "생명사랑 청솔정"

□ 연락처
1. 네이버: https://blog.naver.com/korea8255
2. 인스타: https://www.instagram.com/ckm0519
3. 스마트스토어: https://smartstore.naver.com/snscs
4. 네이버, 티스토리, 구글 검색: "생명사랑 청솔정"
5. 이메일: korea8255@naver.com

만신창이에서 희망으로

건강 회복과 온라인 수익화의 새로운 여정

☑ 만신창이 건강 악화의 50대

50대 후반, 내 삶은 더 이상 내려갈 곳이 없을 정도로 바닥에 닿아 있었다. 전립선 비대증으로 밤새 몇 번씩 깨어 화장실을 들락날락하며 잠을 제대로 이루지 못했다. 하루 종일 멍하고 무기력한 상태가 이어졌다. 50대에 겪은 교통사고 후유증으로 인한 어깨 통증은 날씨가 궂을 때마다 나를 괴롭혔나.

여기에 녹내장과 백내장까지 겹치며 내 시야와 일상은 점점 좁아져 갔다. 내 몸 상태는 더 이상 회복 불가능하다고 느껴질 만큼 나빠졌고, 한 움큼의 처방 약들은 간과 위를 더욱 약하게 만들었다. 거울 속에서 마주한 내 모습은 **_영락없는 병자의 얼굴_**이었다. 점점 우울해지며 삶의 의미를 잃어가는 날들이 이어졌다. 그러나 이 위기의 순간에, 나는 내 삶을 180도 바꿔놓을 한 가지 선택을 하게 되었다.

☑ 몸과 마음을 바꾼 전환점

그러던 어느 날, 고향 후배의 권유로 참석한 삼성 코엑스

세미나에서 내 인생의 전환점이 시작되었다. 그곳에서 나는 사슴 태반 건강식품을 처음 접하게 되었다. 책 『약이 병을 만든다』를 읽으며 약물에 대한 회의감을 품고 있던 시기에 만난 이 제품은 단순한 건강보조제가 아니었다. 줄기세포 단위에서 몸을 회복시킨다는 설명에 나는 강렬한 끌림을 느꼈다.

집으로 돌아와 조심스레 **사슴 태반 건강식품**을 섭취하기 시작했다. 솔직히 처음에는 반신반의하며 큰 기대를 하지 않았다. 그러나 며칠 지나지 않아 작은 변화가 느껴졌다. 밤에 몇 번씩 깨어나 화장실을 가던 일이 줄어들었고, 아침에 일어났을 때 몸이 한결 가벼웠다. 오후가 되면 붉게 충혈되던 눈이 조금씩 안정되기 시작했다. 어깨 통증도 점점 사라져갔다. 내가 가장 놀랐던 것은 피부였다. 건조하고 각질이 많던 피부가 어느새 촉촉하고 탄력 있게 변하고 있었다. 그렇게 내 몸은 조금씩 회복되었다. 감기와 독감 같은 바이러스 감염도 사라지고, 무엇보다 무기력에서 벗어나 활력을 되찾을 수 있었다. 나는 다시 한번 삶에 대한 의욕을 찾았다. '내가 이렇게도 회복될 수 있구나!'라는 깨달음은 나를 새롭게 움직이게 했다.

☑ 나눔과 성장의 길로 나아가다

건강을 회복하니 많은 사람과 소통하고 싶다는 열망이 커졌다. 그래서 **블로그 활동을 시작했다.** 서툴지만 진솔하게 내 경험을 기록했다. 블로그 방문자 수가 늘어나면서 점차 많은 사람이 나의 이야기에 관심을 보였다. 내 글을 읽고 공감하거나 도움을 받았다는 메시지를 받을 때면 큰 보람을 느꼈다.

　내 이야기를 나누는 데서 끝나지 않았다. 2024년에는 [**AI 활용 블로그 마스터**] 강좌를 개설해 블로그 운영 노하우를 신중년 세대와 공유하기 시작했다. 단순히 블로그 작성법을 알려주는 것이 아니라, AI를 활용해 블로그 상위 노출을 돕고, 이를 기반으로 온라인 수익화에 도전하는 방법을 알려주는 것이 강좌의 핵심이었다. 이 강좌는 많은 이들에게 새로운 가능성을 열어주었다. 현재 진행 중인 [**티스토리 블로그 마스터**] 강좌는 많은 관심과 참여를 받고 있다.

☑ 준비와 기회가 만들어낸 기적

　2025년 새해에는 나는 더 큰 도전을 준비하고 있다. [**AI+블로그+체험단+전자책**] 수익화 과정을 통해 더욱더 체계적이고 실질적인 도움을 제공할 예정이다. 이 과정은 블로그 운영 기술뿐만 아니라, 이를 통해 경제적 성과를 내는 방법을 제시한다. 내가 건강을 회복하고 경제적 자유를 얻은 경험을 기반으로, 더 많은 사람이 자신의 삶을 바꿀 수 있도록 돕고 싶다. **건강은 삶의 기본이자 축복이다.** 나는 건강 회복이라는 작은 성공을 발판 삼아 블로그와 강좌 활동을 통해 새로운 경제적 도전의 길을 열 수 있었다. 포기하지 않고 준비하며 나아간다면, 건강 악화를 극복할 뿐 아니라 경제적 도전이라는 또 다른 가능성을 발견할 수 있다. 지금 비슷한 문제로 고통받고 있는 모든 사람에게 희망의 메시지가 되기를 바란다.

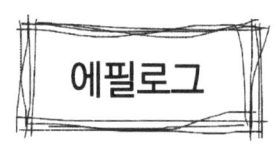

에필로그

　우리의 인생은 읽기, 듣기, 쓰기, 말하기로 이루어져 있다. 우린 학교 교육과 사회 분위기 등으로 인풋인 읽기와 듣기는 익숙하지만 아웃풋인 쓰기와 말하기는 왠지 모르게 어색하고 불편하다. 예전의 나 또한 그런 사람이었다.

　그러다 만나는 사람의 변화를 통해 생각의 전환을 경험했고 글쓰기와 책 쓰기의 효과를 경험했다. 이후 꾸준한 글쓰기와 책 쓰기로 내면과 외면의 큰 성장을 경험했고 지금은 감사하게도 누군가의 꿈을 이루어주는 행복한 인생을 살고 있다.

　글쓰기와 책 쓰기에는 집중하는 시간과 많은 에너지가 필요하다. 그런 어려움을 이겨내고 마음과 용기를 내어 이번 프로젝트에 참여한 아름다운 분들을 다시 한번 소개한다.
우경하 이은미 조유나 박선희 한도훈 김황연 장예진 류옥분 김미정 최윤정 김송례 한민정 최현주 양 선 윤민영 최민수 이마리 김경화 음희화 김미옥 권경진 김선화 서덕만 김민주 황경남 김성환 한기수 김지영 김상진 이상초 이형은 최경호 이대강 박영수 윤준서 최상민 양수목 오순덕 김효승 서원준 최민경 양승권 성진우 도복순 김미례 용은정 김성윤 안재경 이언주 김하주 정규만. 이상 51명의 작가님에게 격려와 응원의 박수를 보낸다. 다음은 당신 차례다.

　우리의 이야기가 어두운 세상에 한 줄기 빛이 되길 희망하며 고난과 깨달음은 준 산전수전 이야기를 마무리한다.

<u>당신 인생의 산전수전은 무엇인가요?</u>